公民安全防范与应对知识丛书

旅游
安全事故防范与应对

LÜYOU ANQUAN
SHIGU FANGFAN YU YINGDUI

丛书主编　陈祖朝
本书主编　王永西

中国环境出版社·北京

图书在版编目（CIP）数据

旅游安全事故防范与应对 / 王永西主编. -- 北京 : 中国环境出版社, 2017.6
（公民安全防范与应对知识丛书）
ISBN 978-7-5111-2883-6

Ⅰ. ①旅… Ⅱ. ①王… Ⅲ. ①旅游安全—安全事故—事故预防 Ⅳ. ①F590.6

中国版本图书馆 CIP 数据核字（2017）第 042151 号

出 版 人 王新程
责任编辑 俞光旭 赵楠婕
文字编辑 王 菲
责任校对 尹 芳
装帧设计 金 喆

出版发行 中国环境出版社
（100062 北京市东城区广渠门内大街 16 号）
网 址：http://www.cesp.com.cn
电子邮箱：bjgl@cesp.com.cn
联系电话：010-67112765（编辑管理部）
010-67147349（生态分社）
发行热线：010-67125803，010-67113405（传真）

印 刷 北京市联华印刷厂
经 销 各地新华书店
版 次 2017 年 6 月第 1 版
印 次 2017 年 6 月第 1 次印刷
开 本 880×1230 1/32
印 张 7.5
字 数 180 千字
定 价 28.00 元

《公民安全防范与应对知识丛书》

总策划

陈祖朝　俞光旭　徐于红

丛书编委会

主　编　陈祖朝

副主编　陈晓林　周白霞

编　委　周白霞　马建云　陈晓林　王永西

　　　　　范茂魁　杨文俊　张　军

《旅游安全事故防范与应对》

本书策划

王永西　赵　艳　赵楠婕　王　菲

本书编委会

本书主编　王永西

编　　者　王永西　李炳涛　杨文俊　王梦蓉

绘　　画　陈镇绘画工作室

序

安全，使生命得到保证，身体免于伤害，财产免于损失。在人类生存的过程中，它是一种希望、一种寄托、一种期盼，它是来自生命最本能、最真切的呼唤！

安全是为了什么？安全是为了自己，为了家人，为了单位，为了社会，为了你我他……

对于我们每一个人来说，安全是通往成功彼岸的必备要素，只有在确保安全的前提下，才能抵达成功的彼岸去感受成功的喜悦；它又是培育幸福的乐土，只有在安全这片沃土的培育下，幸福之花才能绽放在你的生命旅程中。

人的一生，虽然拥有安全不等于拥有一切，但没有安全作根基，就一定没有一切。因此，在当今这个缤纷繁杂的大千世界里，人人都应树立居安思危意识。人无远虑，必有近忧；重视安全者胜，忽视安全者败，这已被社会生活中的无数事实所证明。于是，《公民安全防范与应对知识丛书》的编者们，抱着促进和谐社会发展、共建幸福人生的愿望与憧憬，将当代现实生活中人们最常见的食品安全、居家安全、网络安全、旅游安全、交通安全、违法犯罪事件的防范与应对知识，以通俗易懂的语言、丰富翔实的案例、图文并茂的形式展现给读者，进而带动全社会关注安全问题，并期盼有缘分翻阅此丛书的朋友，能从中了解和掌握自己在日常生活中需要的安全事故（事件）防范与应对知识，使自己、家人和身边的朋友远离事故的危害，尽量避免伤害在我们面前发生。

本丛书由中国环境出版社组织编写出版，中国消防科普委员会委员、长期在社会单位从事防灾减灾宣传教育活动的资深专家陈祖朝担任主编；由几十年来一直在公安消防部队高等专科学校教学科研战线工作、对各类安全事故的防范与应对有着深厚理论功底和丰富实战经验的周白霞、陈晓林、王永西、马建云、范茂魁、杨文俊六位教官分别担任分册主编。在编写过程中，我们参考并直接或间接地引用了国内外相关专家学者的观点和知识；各分册的编者们都是在教学科研一线的骨干，他们在努力完成本职工作的同时，不辞辛苦地利用业余时间完成撰稿，在此一并表示衷心感谢！

但愿这套丛书能为有缘分翻阅的读者朋友们，在人生的旅途中打开一扇通往平安道路的大门。

祝愿天下人一生平安！

丛书编委会

2017 年 5 月

前言

旅游是满足人们精神需求、丰富人生阅历体验的一种重要的娱乐方式，也是人们享受快乐的一种重要途径。随着经济社会的发展，我国公民出游规模日益扩大，据国家旅游局发布的统计数据，2016年上半年，我国旅游市场规模稳步扩大，其中，国内旅游22.36亿人次，比上年同期增长10.47%；出入境旅游1.27亿人次，同比增长4.1%；上半年实现旅游总收入2.25万亿元，同比增长12.4%。旅游已成为我国城乡居民生活的基本内容。

旅游活动包含食、住、行、游、购、娱六个方面，几乎涵盖了社会生活的各个层面，任何一个环节的自然或人为因素都可能导致旅游安全事故的发生。近年来，旅游过程中的游、玩、吃、住、行、购各环节出现的旅游纠纷和事故不断，如参团旅游途中经常出现强制购物、甩团、谩骂游客甚至威胁游客等事件；户外游时“驴友”因迷路、坠崖导致伤亡；住宿时发生火灾，造成游客伤亡和财产损失；旅游途中因食物中毒引发食品安全事故，各地频出的“天价鱼”“天价虾”“百元粥”“天价白开水”等旅游消费“天价”事件……这些都严重损害游客的利益，给游客造成财产损失，甚至威胁到游客的人身安全。

为此，我们特别编写了《旅游安全事故防范与应对》这本书。此书依据国家法律、法规，针对旅游中食、住、行、游、购、娱出现的安全事故，通过大量的典型案例，从分析原因入手，介绍了参团旅游、户外游、自助游、自驾游中存在的购物、住宿、盗窃、诈骗、拐卖等安全事故的防范措施及应急处置方法，对提高公民的旅游安全意识、避免旅游安全事故的发生具有重要的指导意义。本书第一章、第六章、第七章由公安消防部队高等专科学校王永西编写，第二章、第三章、第四章由云南省公安边防总队王梦蓉编写，第五章、第八章、第九章由公安消防部队高等专科学校李炳涛编写，第十章、第十一章、第十二章由公安消防部队高等专科学校杨文俊编写，插图由云南省公安消防总队陈镇绘制完成。

由于编写人员理论水平和实践经验有限，书中错误和不足之处在所难免，欢迎广大读者批评指正。

编　者

2017 年 5 月

目录

第一章

参团旅游安全防范与应对

随着我国公民出游规模日益扩大，参团旅游由于价格便宜、方便、省时、省力、安全，成为游客出游的首选。但近年来旅游途中经常出现强制购物、甩团、谩骂旅客甚至威胁游客等事件，损害游客的权益，使旅游安全问题变得愈加突出。

一、事件回放

（一）“合同”也有“坑”

王先生报名参加某旅行社的西藏双卧12日旅游团，在咨询报名事宜时旅行社提供给王先生一张宣传单，由于知道西藏的住宿条件不及内地而自己对住宿的要求又比较高，所以当王先生看到宣传单上写明住宿标准为三星级酒店时放下心来。随后旅行社拿出合同请王先生签字，王先生没有仔细阅读合同就签了字。到达拉萨后，王先生有轻度的高原反应，心想入住酒店休息后就会缓解。谁知到了酒店后，王先生发现其入住的并不是三星级酒店，而是普通的经济型酒店。王先生遂电话至旅行社理论，旅行社回复称，合同上写明该团住宿标准为经济型酒店，旅行社没有违反合同约定。王先生认为，在签订合同前，旅行社给的宣传单中写明三星级酒店，在签订合同时旅行社并未告知住宿标准与宣传单不一致。在旅游行程结束后，王先生投诉至旅游质监执法机构。

（二）“甩团”

2015年10月28日，来自山东的30名游客在三亚就被一名导游“甩团”3小时，最终在旅游部门介入下，才继续行程。游客们反映，“被甩团”是因为没有答应导游的“加点”要求。

（三）“低团费”欺诈

2000 年 11 月 28 日凌晨 1 时，安徽的小陈和同伴疲惫不堪地坐在泰国曼谷国际机场。他要乘坐的班机还要再等近 2 个小时，而 27 日中午 11 点，他们就被泰国导游扔在了曼谷机场，没吃没喝地已经窝在机场 13 个小时。

他们每人付了 2 980 元人民币参团赴泰 8 天 9 夜游，说起出境游，小陈苦不堪言。他们吃得很差，而且被车拉到偏僻的乡下吃饭。最后一天导游向他们推销一个旅游项目，一个人收费 1 200 铢（约合人民币 250 元）。他们不愿去，导游就横鼻子瞪眼睛，把他们拉到机场不管了。

他可能从未想过到泰国游 8 天 9 夜，连机票费在内 2 980 元够不够。

（四）“恐怖”的导游

2015 年“五一”小长假期间，某地再曝导游谩骂游客事件，当地一位导游因为嫌游客购物少而大发雷霆，大骂游客没良心、不要脸，被游客偷拍视频后曝光。事后旅游执法总队吊销涉事导游的导游证，责令旅行社停业整顿，并对旅行社负责人罚款 2 万元。

（五）“悲”从天降

2015 年 3 月 19 日，在桂林市叠彩山景区内发生一起落石事故，造成 7 人遇难，19 人受伤。该景区属于典型的喀斯特岩溶地貌，容易发生落石事件，此前景区内也曾发生过落石事件。附近也明明设置了“小心落石”字样的提示牌，显然旅行社选择的游玩区域存在安全隐患。而这样的事故并不是第一次发生，2013 年 7 月 21 日，陕西省商南县金丝峡景区局部山体落石事故，导致 1 人死亡，18 人受伤；2014 年 5 月 4 日，河南新安县龙潭大峡谷景区落石事故，导致 1 人死亡。

（六）大自然的“变脸”

2013 年 7 月，三峡坝区突遭雷雨大风天气，7 名游客在三峡大坝坛子岭园区截流石喷泉池附近不幸遭遇雷击，2 名游客因伤势过重抢救无效死亡。2013 年 9 月，在宁波北仑区九峰山景区游玩的一群游客到山顶的亭子躲雨，不料一记强雷击中山顶的亭子，塌方的坠石击中正在躲雨的游客，酿成 1 死 16 伤的惨剧。

二、参团旅游事故原因

旅游活动包含食、住、行、游、购、娱 6 个方面，几乎涵盖了社会生活的各个层面，任何一个环节的自然和人为因素都可能导致旅游安全事故的发生。

（一）“合同”会“骗人”

旅游合同纠纷是指旅游业者和游客之间或旅游业者之间因旅游合同的订立、变更、履行、解除而产生的纠纷。旅游合同的履行中不确定因素较多，所以合同履行中的变更较常见，而履行中的每一个细小的变更都会影响到旅游的质量。比如，改变航班的时间不仅意味着票价的变动，而且会影响游客的休息；下榻宾馆档次、地点的变化同样不仅带来价格的变动，更重要的是会带来游客心境的不同，影响游客的满意程度；而旅游景点的变化可能会使游客旅游的目的完全落空。所以，旅游合同的时间、地点以及游客的运送方式的变更往往会引起纠纷。

（二）服务品质大打折扣

由于旅游市场竞争激烈，各从业机构盲目降价竞争，低团费、零团费、负团费组织旅游活动。所谓零团费或负团费，并不是旅游过程中吃、住、游、娱都真的不用游客花钱了，实际上，是先由接待社的导游替游客垫付费用，包括房钱、饭钱、景点门票钱等。因此只能让游客住条件差的旅店，带游客到偏僻的地方吃便宜饭，部分规定景点也会被砍掉。“零团费”侵害游客权益的一个显著特点就是强迫游客购物，强迫游客参加自费项目，甚至诱导游客涉足色情场所。

因为要降低成本，接待旅行社通常通过聘用不具备资质的导游人员、租用带病上路的交通工具、雇佣非专业司机、安排低档次接待设施等方式赚取利润。在这些方面的大打折扣导致游客个人安全风险增加。

旅行团选择的部分旅游项目中存在游乐设施老化、质量不达标、缺少安全防护设施或警示标识、自然环境存在潜在隐患等问题。

（三）游客“安全弦”绷不紧

我国游客虽然对旅游安全有所关注，但有一定的差异与认知误区，尤其是没有安全事故经历的游客，其安全意识相对比较薄弱。而游客的安全防范意识淡薄是导致旅游安全问题发生的重要原因之一。有的游客对旅游项目存在的风险缺乏准确的判断和警惕意识，即使意识到了潜在的危险性，由于对自身驾驭旅游活动的能力缺乏清醒的认识，盲目自信，也未终止旅游活动。有的游客存在侥幸心理，为了寻求刺激，无视各种安全警示，随意跨越栏杆，任意攀爬，接近危险水域，致使旅游安全事故频发，甚至有的游客由于安全意识太差，导致自己受伤甚至失去生命。2015年4月，厦门连续降雨，山路湿滑，一名沈阳的女游客爬山时在没有注意的情况下，滑倒后摔伤腿，无法行走。黑龙江一女游客则更为不幸，2015年4月8日她在慕田峪长城游玩时被一名外籍女子撞倒当场身亡，警方初步认定是意外事件。

（四）从业人员“鱼龙混杂”

旅游行业中的所有从业者都应具备岗位所需要的职业技能和安全意识，但有的从业者由于安全意识淡薄，忽视游客的生命安全，明知正确的操作规程却不遵守，甚至故意违反。2015年5月1日，浙江省温州市平阳县昆阳镇龙山公园游乐场“狂呼”项目发生意外事故，在游客坐上游乐设备、保险带还未扣上的情况下，机器提前运行，导致5名游客当场脱离设备，致2人死亡。5月15日，一辆大巴车在陕西省咸阳市淳化县境内发生坠崖事故，造成35人死亡，11人受伤，经初步调查，事故原因为车辆弯道操作失误造成坠崖。本可避免的意外事件，由于工作人员的违规操作便酿成了如此严重的后果。

加之受经济利益驱使，导游强制游客购物、增加自费项目等，游客消费如达不到导游预期，则会出现甩团、谩骂游客、殴打游客事件的发生。

（五）大自然的“不确定”

自然环境方面的不安全主要是由于各种自然灾害导致的危险，如地震、塌陷、滑坡、泥石流、暴雨、海啸等。一旦旅游活动面临自然灾害，安全事故发生的概率将大大增加。

三、参团旅游安全防范

作为游客，在参团旅游时，应该采取必要的防范措施，使自己的旅游行程既愉快又安全。

（一）选择正规旅行社、签订旅游合同

1. 了解基本法规，具备基本知识

旅行社分为国际旅行社和国内旅行社两类，前者可经营入境游、出境游、边境游、国内游、代办出入境手续；而后者只能经营国内游及与国内旅游相关的业务。所以外出旅游时，首先要弄清该旅行社的类别，而这一切均可向旅游质监部门咨询。除此之外，还要了解一些《中华人民共和国旅游法》等相关法律法规，以便发生事故时维护自身合法权益。

2. “正规”旅行社等于“安心”

要选择经省、市旅游局审核、审批的信誉等级高的旅行社作为服务委托对象，确认旅行社是否具有旅游行政管理部门颁发的《旅行社业务经营许可证》，以及工商行政管理部门核发的《营业执照》，并要了解清楚业务范围。如果在某旅行社设的门店（即分销点）买票，要确认其是否挂靠在该旅行社，是否有一照两证，即营业执照、经营许可证、质量保证金缴纳证书（一般均为复印件）。质量保证金是表明该旅行社向旅游局交纳了一定的保证金，如果游客与其发生争执，而旅行社又不服处理，旅游局可从保证金中强行扣款赔给游客。此外，这些门店应贴有投诉电话和咨询电话提示，也可通过电话进行确认。

3. 小心驶得万年船

要认真详细地了解旅行社提供的服务内容及价格，切不可一味贪图便宜求低价，不能简单地以价格衡量一个旅行社的优劣。一些旅行社报价看似便宜，但低质低价，往往导致埋怨多、投诉多。为避免旅游过程中与旅行社产生分歧，要在出游前认真掂量并考虑出游后质量与价格是否相符。

另外，凡正规旅行社均要与游客签订旅游服务合同，合同中涉及了旅游过程中的诸多细节，如日程、交通工具及标准、住宿、用餐等。双方签字盖章生效后，游客可依此维护自己的权益。若旅行社没有发给游客团队运行计划表、质量跟踪调查表，说明该旅行社经营不规范，质量难以保证。

专家提示

签订旅游合同时应注意以下事项：

①认真阅读旅游合同，仔细核对合同中游客信息，确认姓名和证件号码无误，如因游客证件号码或姓名有误，造成不能通过海关检查、不能登机或不能登乘其他交通工具的，损失将由游客自行承担。

②在合同中要列举出游览景点的数目、服务标准等，明确旅行社应承担的责任和义务。如上述事件回放中，王先生在签订旅游合同之前应该对合同条款，特别是合同的主要条款仔细阅读，在确定无误后再签字。《旅游法》第58条第1款规定了签订包价旅游合同应该包括9项内容；第2款规定了在订立包价旅游合同时，旅行社应当向游客详细说明第1款第2项至第8项所载内容。本案中涉及的住宿服务安排和标准属于《旅游法》第58条规定的应当载明并应当详细说明的内容，旅行社未尽到详细说明的义务。经质监执法机构调解，最终双方达成和解协议，旅行社退还给游客部分旅游费用。

③在接下来的旅游中，双方要按合同要求履行自己的承诺。如果旅行社不按合同办事，擅自改变诸如住宿酒店的星级、用餐标准等，游客要把旅行社的违约事实和造成的后果真实地记录下来，以便回来后向有关部门投诉。

参团签约特别提示

（1）小小便宜切莫贪

俗话说，贪小便宜吃大亏。低价团听起来很美，但往往隐藏旅游陷阱。旅行社不会做赔本买卖，团费价格虽然低，但“羊毛还是出在羊身上”，旅行社会在行程中安排其他环节用以弥补成本，其中最常见的就是安排游客购物。因为导游挣不到多少团费，只能通过安排游客到购物点购物得到“人头费”，或按游客消费额领取一定比例的返点。

除了游览时间缩水外，参加低价团的游客还面临安全风险。在低价团中，购物成为旅行社收回成本的重要渠道，不少购物都带有明显的强制性。一旦游客的购买意愿无法达到旅行社的预期，就容易产生纠纷甚至冲突，进而威胁游客人身和财产安全。

2015 年，广东一名游客网上发帖称自己 100 元报团云南旅游，签合同时未告知是购物团，可途中被强制购物。导游威胁：“买不够 1 万元弄死你。”不买后竟遭导游推搡等人身攻击，还试图用石子攻击。

2015 年，媒体曝光，张家界两日游，团费仅需 400 元，称费用全包。然而游客上车后自费项目竟必须交钱。导游更是威胁游客：“此路是我开！信不信让你走不了……”

（2）旅行社选择要正规

有人会问：我也不是旅游业专家，不知道自己报的是不是低价团呀？

首先，您可以通过简单的“路费＋住宿费＋门票费用”

进行一个成本估计，如果价格偏差太离谱，特别是暑假这种旅游旺季，一定要当心。

其次，通过正规的渠道报名可大大降低这一风险！

选择旅行社时，要注意查验旅行社资质，如果是出境旅游，还要查看旅行社是否具有出境旅游业务经营权，赴中国台湾地区旅游要选择具有组织大陆居民赴台湾地区旅游业务资格的旅行社。

（3）签订合同要当心

游客参团旅游前，要与旅行社签订合同，而且千万不要与经营者签订虚假合同。比如，有的旅行社为规避监管，会和游客达成默契：合同上标正常价、实际收超低价，而后通过变更行程，增加购物时间赚取利润。此时游客维权就难了，而且，依据《旅游法》第57条规定，游客与经营者签订虚假合同也要承担法律责任。

（二）早准备、有备无患

1. 关注身体状况

游客在临行前应考虑自身身体状况，如有体质较弱或者曾患病的人员必须坚持治疗，防止旧病复发。老年人往往患有多种慢性病，平时需要用药治疗者，出游时切不可忘记服药，否则，可能导致旧病复发、病情加重或恶化。

2. 携带必备药品

临行前，应根据自己的身体状况随身携带一些必备的药品及常用药品（如感冒药、止泻药、晕车药等）。

3. 选择合适衣物

根据天气变化准备衣物及雨具；到野生动物保护区游览，应尽量穿中性颜色衣服，如棕色、米色或土黄色，白色和其他鲜艳的颜色会令动物不安。同时，为防止丛林中的蚊虫叮咬，尽量穿长衣长裤。有些游玩项目需穿长裤才适合进行，女游客在带裙子的同时，不要忘记带轻便的鞋子和长衣长裤。

4. 自备洗漱用品

很多酒店属于绿色环保酒店，不提供洗漱用品，游客应自备好洗漱用品。

5. 明确紧急联系方式

临行前安排好家中相应事宜，把旅游线路、旅行社紧急联系人等信息告诉自己家人，同时，也可将自己家人的紧急联系方式告知旅行社。

6. 备好有效证件和票据

务必带上身份证等有效证件、车船票、飞机票等，准时到达约定的集合地点，不要迟到。有些景区景点对于军人、老人、儿童、残疾人士有一定优惠，游客应提前向导游出示证件以便导游购买优惠门票，如购买门票后再向导游出示，将不能享受优惠。

（三）旅游安全第一

（1）黄金周或者其他旅游旺季期间，由于国内、国际航班中加班机、包机的数量大增，极易引起航班的延误，如遇此种情况，应在候机厅耐心等待，密切关注航班信息，不要到处乱跑，以免误机。

（2）乘坐交通工具时，应系好安全带，在交通工具停稳后方可离开；上下交通工具时，须排队等候，讲究文明礼貌，并优先照顾老人、儿童、妇女，切勿拥挤，以免发生意外。不要与司机交谈或催促司机开快车，不要将头、手、脚或者行李物品伸出窗外，以防发生意外；不要向车窗外扔废（杂）物品，特别是硬质物品，以免伤害他人。

（3）下车游览、就餐、购物时，注意关好旅游车窗并随身携带贵重物品。

（4）乘坐飞机时，应随身携带有效身份证，小孩应带户口本原件，年满16周岁未办理身份证的游客须持派出所证明原件。应注意遵守民航乘机安全管理规定，托运行李重量需符合航空公司规定；不能携带液体登机，如坚持要带少量液体上机，则必须开瓶检查，为避免安检麻烦，可将所带液体予以托运。应注意飞行安全，扣好安全带，不带危险或者易燃品，不在飞机升降期间使用手机、移动电脑等电子用品。

（5）搭乘快艇、漂流木筏、参加水上活动时，应按规定穿着救生衣，并遵照工作人员的指导。乘坐快艇游玩时，应抓紧扶手，年幼或者年长者不要坐船头，以免发生不测。

（6）不要携带易燃易爆、管制刀具等危险物品乘坐交通工具。乘机、坐车、乘船要注意扶梯，在台阶处站稳，乘车时注意颠簸路段及司机急刹车，以免扭伤或摔伤。途中严禁追跑打闹，以免发生危险。勿在车辆行驶过程中任意更换座位，头、脚勿伸出窗外，上下车时注意观察来车方向以免发生危险。带儿童的游客乘坐交通工具时要注意儿童的安全。在火车上打水不宜过满，以3/4处为宜，以免烫伤。

景区浏览注意事项

（1）抵达景区后，要谨记集合地点、时间、所乘游览的旅游车牌号。听取当地导游有关安全的提示和忠告，预防意外事故和突发性疾病的发生。

（2）经过危险地段（如陡峭、狭窄的山路、潮湿泛滑的道路等）不可拥挤；前往险峻处观光时应充分考虑自身的条件是否可行，不要强求和存侥幸心理。

（3）登山或参与活动中应根据自身身体状况进行，注意适当休息，避免过度激烈运动以及自身身体无法适应的活动，同时做好防护工作。

（4）在水上（包括江河、湖海、水库）游览或者活动时，注意乘船安全，穿戴救生衣，不可单独前往深水水域或者危险河道；选择下水游泳时，应携带救生设备助游。

（5）海拔3 000米以上的高原地带，气压低、空气含氧量少，易导致人体缺氧，引起高原反应。游客应避免剧烈运动和情绪兴奋，洗澡水不易过热，学会正确的呼吸方法。16周岁以下及60周岁以上者，患有贫血、糖尿病、慢性肺病、较严重心脑血管疾病、精神病及孕妇等不宜进入高原旅游。

（6）泡温泉时，应注意水温和矿物质含量是否适合自己的身体，有些疾病不宜泡温泉，请遵医嘱。

（7）乘坐缆车或者其他观光运载工具时，应服从景区工作人员安排，遇超载、超员或者其他异常情况时，千万不要乘坐，以防发生危险。

（8）高风险娱乐项目，如雪上摩托、骑马、草地摩托、快艇、漂流、攀岩等，应根据自身情况选择参加，仔细阅读景区提示，在景区指定区域内开展活动，注意人身安全。酒后禁止参加高风险娱乐项目。

（9）在景区参观游览时，听从导游的安排，不要擅自离队，如果迷失方向，原则上应原地等候导游的到来或者打电话求救、求助，千万不要着急。

（10）在自行安排活动期间，应注意人身安全，谨记导游提醒的各种注意事项以及景区的各种公告和警示牌；在拍摄照片时，不要专注于眼前的美景，而忽略了身边或者脚下的危险。

（11）在旅游行程中的自由活动时间，应当选择自己能够控制风险的活动项目，并在自己能够控制风险的范围内活动。尽量不要参加赛车、赛马、攀岩、滑翔、探险性漂流、滑雪、下海、潜水、滑板、跳伞、热气球、蹦极、冲浪等高风险活动。

（12）为防止火灾事故的发生，切勿携带易燃、易爆物品，不在禁烟区吸烟，不要乱扔烟头和火种。自觉维护景区卫生，不乱扔废物，不要投食喂动物，不往河道、湖泊里扔垃圾。

（13）到少数民族地区旅游，注意民族禁忌，尊重当地民俗及法律法规。

温馨提示

（1）警惕“低价团”

“你没有看错！只需280元，就能游遍香港！”如果你欣然报名，实际游览中可能你要自费承担所有景点的门票，更主要的是导游一定会不停地带团进各种购物店，运气不好还会关着门让你强制购物。

在选择线路时，可以根据行程标准、自费项目等先粗略计算一下实际所需费用。车票是无折扣的，机票旅行社可以拿到3折至5折的优惠，三星酒店如果报价180元/间至200元/间，旅行社则可以120元/间的价位拿下，还要加上景点的门票。如此算来，发现旅游行程报价低廉，就需要警醒其中是否存在消费陷阱。

低价的旅游团队大多通过强制客人购物、强迫参加自费项目等方式牟取不正当利益以弥补团费，便宜有风险，购买需谨慎。更主要的是，低价线路行程中，那些过低的价格必然会遭遇到住宿环境差、交通时间长等“花钱买罪受”的情况。

（2）服务标准不明晰，产品表述含混不清

参团旅游，合同承诺“准三星酒店”，实际酒店很差，一字之差，千里之遥。

文字游戏不靠谱，“准×星”“或同级”“相当于×星”等不规范的表述已经被明文禁止。在现在的旅游合同中，对行程中涉及的吃、住、行、游、购、娱的各类规范标准都应明确标注，游客需要注意鉴别。

（3）付款前后旅行社态度变化

付款前是上帝，销售追着客人跑；付款后是奴隶，客人追着销售跑。面对销售人员的如簧巧舌，千万要记得查看旅游合同内容是否详尽、明确，没问题再交钱。一定要挑选正规旅行社进行对比，综合考虑性价比，选择靠谱放心的销售人员和旅行社。

（4）欺诈式销售，旅行社“夸大其词”

参加某旅行社“尊享迪拜之旅，尽情感受迪拜塔、棕榈岛八星酒店超级魅力”旅游团，结果上述景点只能远远看一眼外观。

旅游前，除签订正规旅游合同外，您还有权要求知晓详细的行程，包括景点游览时间、游览方式、费用承担方式。发现行程与签订的旅游合同有差别时，应注意保留证据，通过合理合法的方式与旅行社协商维权。

（5）“购物店”钱花得少，导游给脸色

导游带小明去旅游商店“买当地土特产”，小明只买了 100 元东西，导游讥讽说“没钱还来旅游”。

正规旅游合同会明确标注自费和购物店的数量、名称、时间、费用包含及承担。如导游擅自增加项目，或延长停留时间，要注意保留证据，按照合同约定与旅行社协商维权。

（6）购物被蒙，退换无门

参团旅游时，经常会遇到在旅行社安排的购物店购买“天然翡翠宝石”一块，后鉴定为玻璃制品，旅行社拒不退换的事情。

出游时，尽量不要买价格高昂且自己不熟悉的商品。如果在旅行社安排的购物店买到假冒伪劣商品，您有权要求旅行社退换货。旅行社有义务提供协助，“商店拒绝退货”理由不能成立，旅行社应先行赔付给游客。

（7）同团不同价的价格“歧视”

一家老小参团旅游，旅行社以“儿童和老人消费能力差”为由要求孩子和老人每人额外收费 500 元。

额外收取费用的价格“歧视”行为统统是违法的。职业、年龄有差异，或者不参加自费购物项目，都不是多收钱的理由。您有权拒绝，并要求退还多收的费用。

四、参团旅游安全应对

游客在旅游过程中，如发生纠纷或人身伤害，该如何应对？

（一）旅游纠纷应对措施

1. 合理维权

在旅游途中，对自身权益有不明白的要及时与导游进行沟通；对损害自身权益的，要合理维权，及时向各级旅游质量监督管理部门递交书面投诉。

一般来说，当发生旅游纠纷，合法权益受到侵害时，可先与旅行社沟通，协商解决；协商不成，再向旅游质量监督管理部门或消费者委员会投诉，也可向人民法院提起诉讼。游客向法院提起诉讼并已被法院受理的案件，消费者委员会、质检所将不再受理。因旅行社故意或过失，未达到或违反合同约定的服务质量标准，造成游客经济损失，在投诉中游客可向旅行社提出索赔，投诉索赔是合理合法的。

2. 及时投诉

在旅游过程中遇到旅游服务质量问题，合法权益受损时，可以立即去当地旅游质量监督部门投诉；如果已旅游归来，可到组团社所在地的旅游质监部门递交投诉状。投诉状要写明：被投诉单位名称、投诉人姓名、性别、国籍、职业、年龄、地址及联系电话、事件经过等。质监部门在接到投诉后，经审核，将在 7 个工作日内做出是否受理并通知。决定受理后，在 24 小时内将诉状转给被投诉单位，要求其在 30 日内与投诉人协商解决。

（二）迷失走散应对

旅游期间游客应结伴而行，尽量不要离开集体单独活动。如果迷失方向，原则上应原地等候导游的到来或打电话求救、求助，千万不要着急。自由活动期间不要走得太远。带未成年人的游客，要认真履行监护责任，管好自己的孩子，不能让未成年人单独行动，并注意安全。

（三）发生人身或财产意外事故应对

在旅途中发生人身或财产意外事故时，要及时告知导游，请导游协助按有关机构（如交通运输部门、酒店、保险公司、风景区管理单位）订立的条例或合同规定处理。如果在旅游过程中发生安全问题，应尽快到当地的公安部门解决处理。

乘坐的交通工具（包括飞机、汽车、火车、轮船、地铁及景区内的游览索道、观光车、游艇等）在行驶途中，若遇到交通事故发生时，应听从导游的安排及指挥，不要慌张；有人员受伤时，应尽力施救或自救，同时注意保护现场，避免损失扩大。

第二章

旅游团购安全防范与应对

旅游团购是指达到一定数量的游客借助互联网自发组团、第三方网络中介或在线旅游企业参团等方式，以比较优惠的价格购买旅游产品的新型电子商务模式。自2010年网络团购模式被引入我国以来，旅游团购网站一时遍地开花，开启了一场持续“你追我赶”的市场争夺大战。与此同时，有关旅游团购陷阱与风险等负面报道也层出不穷，旅游团购市场中暴露出的各种问题引发各界关注，损害了游客权益，给旅游安全带来一定的影响。

一、事件回放

（一）玩文字游戏

浙江的小张，团购了某旅游团赴海南的旅游项目，下了单后他仔细一看，才发现有问题。标价不到1 000元，但小字号标注的说明条款里列出许多补充条款，比如没有算上导游费用、没有算上机场接送费用、没有包含多处景点门票等。前前后后加起来，这次团购的价格一点儿都不便宜。

（二）虚假报价，无真实惠

某网站团购产品“仅售660元，享受原价1 004元的西安3日自由行，含某五星饭店双床房2晚＋世园会入园证1张＋周边多处景点门票优惠券”。乍看很便宜，但仔细算算，660元你得与别人拼房，若享受单房，就得补房差价480元（两晚），于是总价格就变成1 140元。经网上查询，该时段该酒店房价约每晚618元，两晚1 236元。算起来，这个团购也不算便宜。

二、旅游团购事故原因

我国旅游团购中发生事故的原因主要有：

（一）“低价”等于“有坑”

超低的价格是众多团购网站吸引游客眼球的重要手段。但低价的背后却暗藏玄机，各种陷阱让购买了旅游团购产品的游客叫苦不迭。常见的陷阱有如下几种：

（1）强制入店购物，且进店次数较多。

（2）对旅游团购产品本身及使用条件设限，如特价房限量、抵金券限制使用人数。

（3）旅游线路严重缩水，如景点停留时间过短、不含往返交通费。

（4）实地旅游中包含隐性消费或附加消费等二次消费圈套，如增加自费景点。

（5）实际旅游情况与团购网站介绍不符，如住宿标准降低。

（6）关键信息的描述模糊不清，如仅使用“准星级”“豪华”等字眼介绍酒店等级。

（二）质量的“忧患”

服务是旅游产品的核心要素。如果旅游产品不能提供较好的服务质量，那么它就会失去其对游客的吸引力。旅游团购在打上低价标签的同时，其服务质量往往也大打折扣。

首先，旅游团购产品毛利很低，很多旅行社为降低经营成本只能压低服务品质。

其次，因旅游团购券使用时间有一定期限，游客扎堆在特定时间段出游，旅游目的地接待能力不足的问题急剧凸显，服务质量更无从保证。

最后，很多团购网站作为第三方网购平台，只负责旅游团购产品的销售；且由于旅游产品具有生产与消费同一性的特点，旅游企业实际上才是旅游服务的提供者。这就导致了操作链的延长，难以保障服务质量。

（三）“网络”有时会有“黑洞”

游客购买旅游团购产品必须使用在线支付方式完成付费。看似过程十分简单，却可能面临着不少风险。

其一，大多数旅游团购网站实行的是“先付费、后游玩”的支付方式，“过期作废不退款”几乎成为行业潜规则。不论游客是因一时冲动购买而后悔，还是因工作繁忙、计划有变等客观原因无法前往旅游，一旦提及退款，旅游团购网站便会以各种理由予以拖延搪塞，乃至拒绝。

其二，少数钓鱼网站假冒知名旅游团购网站，利用虚假产品诱骗游客上当，非法盗取其账户资产。

其三，旅游团购网站的安全漏洞导致支付方式存在安全隐患，例如，某旅游团购网站就曾出现重大安全漏洞导致用户银行卡信息泄露。

（四）售后维权似赴“刀山火海”

一份正规有效的旅游合同是游客维权的重要凭证。而大多数旅游团购网站既不与游客签订旅游合同，也不提供相关发票、收据抑或保险等凭据。目前我国对此也没有明确的法律规定与监管措施，相关法律尚属空白。一旦日后发生纠纷，游客除能在网上大倒苦水泄愤和忍受网站投诉漫长等待的煎熬之外，只能面临无合法有效凭证而维权困难的境遇。此外，因旅游团购产品普遍价格较低，许多游客出游后发现了问题也只当是一次失败的网购，不愿投入过多精力维护自身权利。旅游团购网站与合作旅游企业正是掌握了这种消费心理，才在发生纠纷时采用拖延迂回策略予以应对，最后不了了之。

（五）旅游团购网站“鱼龙混杂”

目前，团购网站的准入门槛和经营成本比较低，只需购置一台服务器，投资几万元，三五个人就能创办一个旅游团购网站。由此便带来了旅游团购网站鱼龙混杂和良莠不齐的问题。一方面，许多不具备旅游业务资格的团购网站违规开展旅游团购业务；另一方面，由于团购网站审核不严，非法旅行社也在其网站上发布旅游团购信息。例如，某团购网站公开出售一款价值 228 元的团购券，凭该券游客到旅行社另付 380 元即享原价 2 760 元的“浪漫海南”五天四夜三星品质双人游。可最后经旅游质监部门核实，此旅行社从未对外销售此旅游券，该团购网站实属无证经营旅游业务。

三、旅游团购安全防范

我国旅游团购市场尚不成熟，时常出现低价购物、隐性消费和服务质量打折等诸多问题，游客在旅游团购时要提高警惕，谨防上当受骗。

（一）识破“团旅游”背后的陷阱

1. 警惕“标题党”玩文字游戏

在“团旅游”网站，为吸引眼球并诱人下单，“标题党”往往会选“秒杀”“限量”“惊爆特价”做标题，然后把需另付费的一项藏在一大堆文字图片下方，不细心看就会忽略。

2. 看价格背后有无真实惠

某团购网推出一款：“1 719 元即可入住三亚人间天堂鸟巢度假村一晚，赠送热带森林公园门票 2 张”，但该度假村网上客房公开预订价格仅 1 480 元，周末 1 680 元。另一种便宜来自抵扣券与代金券。有些团购网以极低的价格“团”进去，再加价卖出去，这些券游客使用起来却不实惠，因为限制多，如指定时间、店家，不享受其他优惠等。

3. 看服务质量与安全保障

在网上人们往往只注重价格，而忽略了服务质量与安全保障。目前，有九成团购网不开具发票和签出游合同，发生纠纷与意外，没有证据，维权也没了根据。

4. 防备“黑旅行社”违规操作

一些“黑旅行社”利用网络的虚拟性，推出一些虚假的旅游产品，当用户购买后便销声匿迹，根本找不到负责人。

（二）掌握旅游团购原则

1. 按自己意愿购买

所购买的，一定是自己喜欢的和需要的。比如你去旅游，一般就会收到旅行社提供的多条路线，有些很便宜，有些是你真正想去的地方。这时候意志一定要坚定，不要因为另外提供的景点价格低就改变自己的初衷，你最想去哪儿，就定哪儿的票。

2. 按预算计划购买

不轻易变动自己的预算计划，比如团购旅游的时候，你一定要清楚自己预算的价格是多少，然后仔细询问旅行社在旅游中要自费的项目有哪些。

3. 查明旅游团购价格，防止优惠水分

多渠道打听或者查探该旅游团购的价格，防止遇到虚假优惠或隐性消费。在去旅游前就多问问去过的朋友，避免上当受骗。

4. 问清保险

有的旅游团购产品会将保险绑定在产品价格中强制性出售给消费者，应在购买时询问清楚。

5. 不参加不规范旅行社发起的团购

不要参加不规范的旅行社发起的团购。团购网一般都会有信息的认证，但是也不排除蒙混过关的，所以游客在选择时一定要认清资质。

6. 不轻易下定金

不要轻易下定金，最好是打电话问清楚，能去旅行社办公地点签合同是最好的，并注意有关的团购协议条款。团购的时候注意有没有协议书可以下载，没有的话，要打电话询问，这也是对自己负责。

（三）旅游团购注意事项

参与低价的旅游团购务必多多留心陷阱，需要注意以下问题：

1. 注意查看团购网站的资质

如果是国内大品牌团购网站可信度相对高些，出问题后也有一定保障，地方性的小型团购网站很难有保障。要选择综合实力比较强的团购旅游网站，不能仅仅考虑价格因素，一定要选择有资质、有口碑的正规团购网站。

2. 注意查看旅游产品提供方旅行社的资质

如果是本地不知名的小旅行社，就要多多注意了。

3. 签订旅游合同

一定要主动要求签订旅游合同，索要发票，保留网站上的证据，便于出问题后索赔，解决纠纷时有据可依。

4. 问清是否有隐性消费

仔细阅读对产品细节的介绍和消费条款的表述，特别注意消费规则、时间限制等条款，向团购网站或者产品提供方旅行社详细了解产品细节，问清楚是否存在自费项目、购物项目等隐性消费。哪怕有一点点疑问，都要向他们确认。多与客服沟通，随时关注下单情况并保留好确认短信及团购内容页面等凭据。

5. 小心消费陷阱

旅行社线路产品有固定的成本，产品利润很低，并不适合团购。所以，出现价格大大低于正常消费价格的线路时，要多多小心消费陷阱。对一些数额巨大的旅游团购活动谨慎为之，切不可被低价、低折扣迷惑，并且尽量通过第三方支付平台进行在线支付。

6. 关注网友评价

网友的评价至关重要，在决定购买之前看看网友的评价，你看到的是商家的一面，加上其他人看到的就是多面了。

四、旅游团购安全应对

随着网络、电子银行的发展，网购越来越受到大家的青睐，其中旅游团购产品也丰富起来，犯罪分子利用有些游客对网购不熟悉这一特点进行欺诈，游客难免上当受骗。那么如果游客在旅游团购时发现被骗该如何应对呢？

（一）向网站投诉

大型旅游团购网站都有自己的客户服务部门，处理各种交易纠纷。游客可向网站提供聊天记录、交易记录等相关证据，进行投诉或举报。有刑事犯罪嫌疑的，各大型网站还将向公安机关及时反映情况。

（二）在网上报案

一旦遇到网购旅游产品诈骗，应及时向公安部门报案，以免更多游客上当受骗，游客可向各地公安局网监部门报案，也可电话报警。

（三）向消费者协会投诉

与普通商品一样，网上购买的旅游产品发生消费纠纷，也可向省、市消协投诉，维权热线 12315。对于网上旅游团购存在的风险，消费者要尽量索取购物凭证或保存交易协议（包括电子版）等相关证据，网上购物的实际经销商大多数是外地公司，如果已购商品发生纠纷，应按属地管辖原则，向票据所在地的有关部门投诉。

温馨提示

网上聊天记录是具有证据效力的。消费者在网购付款前，应尽量通过网上聊天工具，与卖家明确约定要购买旅游团购产品详情等重要事项，一旦卖家反悔或者存在欺诈行为，QQ、阿里旺旺、微信上的聊天记录就可以作为合法证据。

第三章

出境游安全防范与应对

中国是“旅游世界沉睡的巨人”。中国出境旅游起源于20世纪80年代初，自诞生起便在强大的旅游需求推动下迅速成长，在短短的30年内发展成为世界第一大出境旅游消费国及世界第二大旅游客源国。近年来我国出境旅游人数剧增，出境旅游市场规模进一步扩大，2014年我国内地公民出境旅游已突破1亿人次。与此同时，境外旅游过程中因目的地国家政治局势不稳定因素、社会治安风险因素、自然灾害因素、疾病疫情因素等都可能对我国出境游客的安全带来影响，出境旅游安全问题日益严峻。

一、事件回放

（一）“马路杀手”不分国内外

2009年春节过后，上海赴美旅游团遭遇严重车祸致7死10伤事故的发生，引起社会各界人士关注。人们普遍感到震惊，更为遇难同胞感到痛惜。

这个旅游团是由上海某国际旅行社组织的散拼团，共有游客20名，其中2名浙江人、2名中国香港人。该旅游团1月24日从上海出发，参加全程14天的美国东西海岸夏威夷游，行程计划于2月6日返沪。地接社为美籍华人背景的银河旅行社，该旅行社上海办事处派美籍华人陈某某担任导游，司机为当地美籍华人。北京时间1月31日7时6分，美国亚利桑那州当地时间1月30日16时6分，该旅游团的旅游大巴在美国亚利桑那州境内93号公路上，距离著名的胡佛水坝以南大约40千米处，发生倾覆后侧翻在路面上，当场造成7人死亡、10人受伤。其中，导游不幸遇难，司机受伤。

（二）境外甩团事件

2016年6月19日凌晨，泰国芭堤雅旅游警察接到报警，38名中国游客被带到一家酒店后无法入住，导游消失，警方认定这是一起“甩团”事件。

这38名中国游客通过国内一家旅游公司购买曼谷—芭堤雅4天游套餐，每人1 880元团费（9 400泰铢），38个人总共是35万7 200铢。该团由领队陶某某带到曼谷，而泰国对接的旅行社则派一名女导游全程解说。

刚到达曼谷的前两天，行程比较顺利，期间导游要求游客参加自费项目，但都被拒绝。结束曼谷之行后，旅游团便于18日晚上前往芭堤雅，准备度过最后的2天假期（19—20日），但是没想到被导游丢在R-Con Wong Amat Suite酒店大堂无法入住。

据悉，当晚9点多到达要入住的酒店后，领队陶某某突然说泰国旅行社与酒店对接出现问题，目前无法让游客入住，她要去解决这个问题。所有游客坐在大堂的沙发上等待，但是等了好几个小时都没有见陶某某出现。

二、出境游事故原因

分析我国游客在境外旅游过程中发生的安全事故，主要存在以下几个方面原因：

（一）行程紧、车况差、疲劳驾驶致车祸频发

出境游景点安排、行程路线、车辆选择等许多问题由地接社具体实施，既要控制价格，又要吸引游客，所以不少地接社在行程上下功夫，景点安排尽可能密集，驾驶员大多存在超速行驶、

疲劳驾驶的情况，易发生交通事故。

上述案例中，旅游团在事发前一日晚上在赌城拉斯维加斯观光游览，待游客、司机和导游休息时已是午夜时分，次日一大早便出发前往大峡谷一日游。因这是自费项目，有 5 名游客未选择出游。车祸发生时，正是在游客结束大峡谷游览后，返回拉斯维加斯的途中。

（二）游客安全意识淡薄

目前我国游客对旅游价格、景点内容、行程安排问题十分关注，却往往忽视安全问题。在旅游过程中，出游安全意识也很淡薄。

1. 交通安全意识差

乘坐旅游大巴，游客往往因为路途疲劳，习惯于上车就睡觉，不爱系安全带，也不善于采取一些安全保护措施。

此外，由于语言交流障碍、对所在国法律不熟悉等，国内游客在境外自我维权和保护的意识远差于国内。比如有的国外司机超速行驶，同车游客却不敢出来制止。有的旅游车辆连安全带也没有，明显不符合要求，部分国内游客也只能妥协。上述赴美旅游团车祸中，有 7 位游客被甩出，6 人当场死亡。

2. 防盗意识不强

在酒店用餐时，有人喜欢把行李放在酒店大厅，这很容易给歹徒可乘之机。据法国警方表示，中国游客还喜欢将贵重财物放在自驾车的后备箱内，所以自驾小轿车也容易成为袭击的目标。

中国游客心地善良，警惕性差，遇到不良人士过来搭讪、借手机之类，总觉得不好意思不理，以为这样才是礼貌，最后都是几个本地人上来围住，在半拖半抢中钱财尽失。

中国游客英文不好，再加上胆小怕事，遇到被盗的时候，如果损失的只是一点钱财就不会去报案，甚至一些旅游团导游为了省事，都会让游客“舍财免灾”不要报警，所以小偷比较喜欢偷中国游客，因为不容易引起警方的调查。

（三）旅游欺诈

在出境旅游时，游客还经常遇到旅游欺诈事件，如泰国强制消费，美国商铺私收“旅游税”，马尔代夫旅游中介机构诈骗，法国、南非的证件、门票、保险单据“被造假”，新西兰、南非等国旅游纪念品造假；美国投资项目诈骗，英国、澳大利亚移民诈骗，越南“相亲”诈骗，韩国整形旅游陷阱，马来西亚诱赌诈骗勒索等。

（四）“税”的损失

由于游客不清楚各国退税具体规定、退税流程过于烦琐、耗时太长、单据或印章不全、退税商品已托运等原因造成大量退税损失。

（五）游客自身行为不当引起的损失

因游客自身素质不高，在境外攀爬、刻画、损坏旅游设施，以及违背当地习俗及法律导致的伤亡及纠纷事件日益攀升。中国游客一些不文明旅游现象导致个人损失、国家形象受损，如中国游客赴菲律宾赌博遭扣押，埃及神庙“到此一游”事件，帕劳“中华烟”事件，泰国寺庙违规拍照、攀爬皇宫围墙，意大利比萨斜塔前草坪就地开餐，法国“薰衣草地互殴”事件，美国“国会山前吵架”遭拘捕事件，“华尔街骑金牛”事件，马尔代夫“捞珊瑚”事件等频发。

此外，因游客不了解目的地国出入关法律规定，违法携带动植物、矿石、药物，超过规定数额的现金，过境手续不全、过期停留等原因造成的出入境受阻事件频发。

（六）过度维权引发安全事故

中国游客因过度维权引发的安全事故同样值得关注，如中国游客苏黎世航班酒后斗殴导致返航，肯尼亚机场大闹，中国游客在韩国不满酒店安排挥拳打领队。

（七）游客自身炫富致被盗被抢

一方面，从近期西方媒体的报道中，不难看出欧洲、美国由于经济不景气也难免滋生更多抢劫等不良的社会现象。另一方面，西方媒体在近两年总是报道华人游客在当地的消费额惊人，再加上当地部分华人的经济确实富裕起来，导致给人一种“华人很有钱”的片面印象，因此如果当地有人动起了抢劫的念头，“很有钱”的华人包括华人游客便成了袭击的主要目标。其中，表面“露富”“炫富”的人群中招率就会更高，对于中国游客来说，这也成为一个安全隐患。

（1）中国游客喜欢随身携带大量现金，国内银行也只愿意兑换大面额现钞。现金更容易被盗，国外的小偷都知道中国游客带的现金多，数额又大，所以喜欢找中国游客下手，甚至中国游客在到达酒店时容易被“蹲点”的歹徒袭击。

（2）中国游客衣着招摇，喜欢穿名牌服装、鞋子，戴名表、贵重项链，拎名贵手提包，拉名牌拉杆箱。反观国外游客，都是T恤、牛仔裤、旅游鞋，而且他们不怎么讲究名牌，只有上班和参加正规的活动才穿戴比较整齐。

（3）携带高级摄影器材，不管是不是摄影师，中国游客都是每人胸前一个专业级的高档照相机。外国游客基本上都是卡片机或者手机拍照。

（八）旅游地治安恶化，导致欺骗、盗抢、人身攻击等犯罪率上升

许多人认为欧洲、美加、澳新等地的治安好，客观来说，这些国家和地区的总体治安水平是比较不错的，但绝不可以凭此就认为到当地旅游便能确保百分之百的安全，因为那里可不是夜不闭户、路不拾遗的“世外桃源”。

（九）政治、经济形势严峻，局部对抗导致游客人身伤亡

旅游目的地国罢工、渎职、业务失误、权力滥用导致的安全事件频发和国际航班延误事件时有发生。曾发生过的事件有：英国边境总署、比利时布鲁塞尔机场、南非运输工人联盟、韩国铁路工会等机构罢工导致行程受阻；因商务纠纷，韩国济州扣留中国邮轮，1 659 名游客滞留；美国政府停摆导致中国游客吃闭门羹等。

三、出境游安全防范

近年来我国出境游市场不断升温，游客要提高出行安全意识和掌握自我保护技能，多了解即将前往的国家的情况，保管好相关证件、钱物，注意人身、交通、住宿、饮食、观光、购物安全，保证旅游顺利、愉快。

（一）没有“证件”举步维艰

护照、签证、身份证、信用卡、机船车票及文件等是出国（境）旅游的身份证明和凭据，必须随身携带，妥善保管。

（1）仔细检查出国证件和相关文件。认真核对护照、签证、往返机票、邀请函、境外旅游保险（部分国家还需健康证明及疫苗接种书）等证件和文件的有效期，避免入境受阻。参加团队旅游时千万别忘了护照、机票，领队在其他国家、地区会帮您保管护照。但在中国香港地区，可能“阿 sir”（警官）会在街头查验护照，所以护照还是要自己随身携带。老年朋友应将所参加旅游团的团名、日程等随身携带，以免在外走失。

（2）把原件放在贴身的内衣口袋中。

（3）在出发前，各复印一份放在手提包中。

（4）除出入境接受检查时使用外，最好交给领队统一保管。

（5）遇到有人检查证件时，不要轻易应允，而应报告领队处理。如领队不在现场，要有礼貌地请对方出示其身份或工作证件，否则应予拒绝。如对方是警察，可在检查中记下其证件号、胸牌号和车号，以防万一。

（6）严格遵守有关国际公约和出境游目的地国家（地区）的入境法规，不得携带违禁药品，不得参与目的地国家（地区）禁止从事的活动，携有大量现金或特殊药品出入境时，要按规定如实申报。

（二）保管好钱物

1. 钱物安全“四不要”

（1）出境期间不要携带大量现金和贵重物品。

（2）不要把现金和贵重物品放在托运行李、外衣口袋或易被割破的手提包中。

（3）不要把现金和贵重物品放在宾馆房间或旅游车中。

（4）不要让、也不要帮不相识的人看管或托运行李。

2. 身上带钱要适量

尽可能少携带现金，代之以信用卡或旅行支票，出游前可在国内兑换一些小额货币，用于在目的地小额消费，如打电话、支付小费；在国外单独上街，您身上带的钱一定要适量。因为中国人多不习惯用信用卡、旅行支票等支付手段，偏向带大量现金在身，所以，国外的有些强盗专门打劫中国人。身上一分钱不带也不好，在治安不好的城市，为保安全，应带上 20 美金以防万一。

3. 贵重物品要存放

贵重物品可存放在宾馆总台和房间的保险箱中，保管好凭据、钥匙并记住保险箱密码；外出时，贵重物品存放在饭店总台的保险柜中比放在房间里保险。一般饭店的总台都有这种保险柜，免费给客人存放贵重物品。钥匙由饭店留一把，客人拿一把。外国的很多饭店都有规定，如果贵重物品在房间里丢失，他们并不负责赔偿。

4. 随身携带物品要符合有关国家的规定

某些常用药中含有兴奋或麻醉的成分，务必慎重选择，数量和品种都不能超过允许的范围，最好请医生开具处方并随身携带以资证明。尽量不要携带动、植物产品。要远离毒品，不接受陌生人搭讪。

（三）“生命”是一切活动的基础

出门在外，安全第一，尤其异国他乡语言环境不熟悉的情况下，出门最好结伴出行，带上领队导游的电话号码和酒店联系卡片，尤其不要去偏僻的地方。随时留意外交部网站上发布的“出国特别提醒”和“走出国门注意事项”，特别要注意避免前往近期安全形势不佳的国家和地区。

1. 遵守前往国家和地区的法规

要尊重所在国，特别是有特殊宗教习俗国家的风俗习惯，事先向导游等熟悉国外情况的人士了解当地在衣着、拍照等方面的禁忌，注意举止文明，讲究公共卫生，与当地人民友好相处，避免因言行举止不当引发纠纷。

了解国外的民俗民风和规矩，如泰国小孩的头摸不得，进入寺庙要脱鞋，女士见到僧侣要避让，游览大皇宫的女士不能穿短裙和凉鞋；印度的小孩抱不得等，否则人家并不会因为你是外国人，就不再责怪你。在新加坡街头不要随地吐痰、乱扔废物，不然会面临高额的罚款。

2. 出境游切忌“炫富”

国人在境外的时候，没必要将一些能显露身价的物品全都戴上身，比如 logo 明显的名牌包包，金光闪闪的钻石、黄金、玉石首饰，以及价格不菲的智能手机等，这些物品容易帮贼人认定你的身价，并增加被设定为“猎物”的危险性。

3. 多留意过分热心人

2011 年，法国曾发生过多起中国游客被盗、被抢的事件，很多都是在旅游景点中发生。一对中国夫妇想在埃菲尔铁塔前合影，恰好身边一个当地人用中文和他们打招呼，他们便托他照相，对方欣然应诺，并以为了照铁塔全景为由，身体向后退，等退到一定距离，这人拿着他们的相机转身跑向一辆摩托车，然后飞车逃窜。

还有一位中国游客在巴黎市中心某豪华酒店门前被抢，损失2 000欧元，原因是当他走出酒店时，有陌生男子上前主动热情用中文说“你好”并搭讪，正当他以为遇到一热情浪漫的法国人时，该人却趁其不备突然抢走他手中的钱包并在同伙的接应下乘车逃走。还有上海游客在罗浮宫附近被窃，损失护照等物品。

（四）谨防马路“杀手”

（1）要熟悉所在国的交通信号标志，遵守交通规则，不要强行抢道，也不要随意横穿马路。

（2）在国外乘坐旅游车时，不要乘坐第一排的工作人员专座，此专座设有工作人员保险，但游客乘坐一旦发生意外是得不到赔付的。

（3）在乘坐飞机或乘车时要系好安全带。

（4）不要在飞机起飞后和降落前使用手机和相关电子产品；不要把头和手伸出旅游车外。

（5）在乘坐船、快艇等水上交通工具时，要穿救生衣（圈）。

（五）要“吃”的安全

（1）在指定或下榻的宾馆餐厅用餐，不购买和饮用地摊或小商贩提供的饮料食品。

（2）坚持饭前便后洗手的习惯，不吃过期或不洁净的饭菜瓜果，也不要自带食品（往往不能通过海关检疫）。

（3）牢记自己的饮食禁忌，不盲目尝鲜、贪吃、乱吃。

（4）避免在流行病传播季节到流行病传播地区停留。

（5）做好预防措施，携带一些常用必备药品，一旦身体不适，身边的小药就能救大急。必备的药品有感冒通、乘晕宁、息思敏、黄连素、创可贴等，心脏病人还千万别忘了带硝酸甘油！另外，可能的话，带一支体温表也不算多余。

（6）万一患病，要及时到医院就诊，不要强忍硬扛。

（六）要“睡”的安全

（1）进出房间及时关门，确定门锁好后再离开。如果房内没有保险箱，可将贵重物品寄存在酒店。不要让陌生人进入房间。

（2）正确使用房间电器等设施，不要在床上吸烟，不要把衣物放在电灯台架上。

（3）要熟悉宾馆安全通道和紧急出口等疏散标志，遇到火灾时不要搭乘电梯。

（4）了解饭店房间里的付费情况，饭店房间里什么东西可用，什么东西不可用，这要先请导游帮助问好了。房间里有些电视节目看了是要付费的，冰箱里的东西用过后多数也要付费。东南亚的饭店房间里一般没有热水，冰箱里有两瓶矿泉水是免费的。如果您不知道，也是一种浪费。

（七）“观光”要安全

（1）观光游览时要服从领队和导游的安排，紧跟团队，不要擅自脱队。

（2）记下领队和导游的手机号码，以备万一离队后联系方便。

（3）记住旅游车车牌号和所在停车场位置，以便走失后找回。

（4）在拍照、摄像时注意往来车辆和有无禁止拍照标志，不要在设有危险警示标志的地方停留。

（5）要慎重参加带有刺激性的活动项目，量力而行，提高自我保护意识，服从安全人员的指挥；不要到赌场和色情场所消费。

（6）夜间自由活动要结伴而行，并告知领队大致的活动范围，不要乘坐无标志的车辆，不要围观交通事故、街头纠纷，不要太晚返回。

（八）要“买”的安全

（1）购物时要保管好随身携带的物品，不到人多、拥挤的地方购物；面对那些价格比国内便宜许多的名牌也不要买得得意忘形，因为当你双手拎着大把名牌购物袋走在大街上时，也就可能无暇顾及自己的钱包。

（2）一定要到正规的商店购物，并且要有相关的发票证明；在数量上要适当，不要超出标准。

（3）在试衣试鞋时，最好请同团好友陪同和看管物品。

（4）不要当众数钱。

（5）购物时要慎重，假冒伪劣产品并不只是中国才有。在东南亚一些国家购物，一样会碰到。选购金银首饰、宝石制品等高价值商品，断不能只听信商家可退可换的承诺，一定要想好了再买。为帮客人退货折腾几回仍办不妥的事例，很多旅行社都遇到过。

四、出境游安全应对

（一）证件遗失或被偷抢应对

证件一旦遗失或被偷被抢，要立即报告领队并向警方报案，同时请警方出具书面遗失证明，必要时向当地申请出境签证并向我国驻当地使领馆提出补办申请。

（二）钱物丢失或被偷盗应对

如发现钱物丢失或被偷盗，要立即报告领队。如在机场丢失，要速到航空公司机场失物招领部门登记或索取丢失证明以备索赔。如在宾馆或旅游车上丢失，要和领队一起与相关方面交涉，并可酌情报警方处理。

（三）交通事故应对

万一发生交通事故，不要惊慌，要采取自救和互救措施，保护事故现场，并速报告领队和警方。

（四）迷路应对

到语言不通的国家去旅游，要拿一张饭店的卡片。离开宾馆前要携带一张记有该宾馆地理位置和联系电话的卡片，以确保迷路后安全返回；如迷路时，您可以给司机看，立刻就会化险为夷。曾有游客在泰国没有拿卡片，半夜还找不到酒店，最后让警车送回来的先例。因而，拿卡片事虽小，但能保证您的出行顺利。

万一联系不到或找不到旅游车，可自行乘出租车返回宾馆或请警方协助并设法告诉领队。

（五）意外情况应对

遇到意外情况时保持冷静，并及时与当地警方和中国驻当地使领馆联系。遇到地震等自然灾害或政治动乱、战乱、突发恐怖事件或意外伤害时，要冷静处理并尽快撤离危险地区，并及时报告我国驻当地使领馆或与国内有关部门联系寻求营救保护。

第四章

户外游安全防范与应对

户外旅游是指包含自助游、自驾游、野营、徒步、飞行、水上、登山、攀岩、探险、滑雪、轮滑、小轮车、极限运动等在内的，注重体验和感受的旅游与运动休闲的集合。

随着网络信息迅速传播，“驴友”一词已成为现代游客的一种头衔和新型户外运动方式体验者的称呼。户外登山远足、垂钓、滑雪、攀岩、漂流、溯溪、自行车越野、野营等活动发展迅猛，逐渐成为被大众认可并关注的旅游活动，但其高风险性也会引发各种安全事故。2009—2011 年 3 年间，全国共发生 483 起“驴友”旅游伤亡事故，平均每周超过两起，“驴友”旅游伤亡事故给游客及其家庭带来极大的伤害，也给旅游地形象造成了较大的负面影响。

一、事件回放

某月 13 日 8 时 30 分，一名男青年独自一人上山游览，17 时迷路，未按原路返回，最终迷路遇难。该山是某山脉的主峰，由 19 座山峰由北而南组成，每峰海拔均在 3 500 米以上，有 7 座峰海拔在 4 000 米以上，最高峰达 4 122 米。由于海拔较高，在峰顶终年积雪，气温寒冷，且正值雨季，雨多雾大。同时，地形复杂、悬崖峭壁众多，稍不留神便会坠下万丈深渊。

该男子于当日 14 时左右遇到一位索道施工人员，并询问有没有食物后继续前行。17 时左右该男子顺着一条小路向另一山峰行进，不久后，发现小路消失。由于天色渐晚，没有时间登顶，他只能下山，但未按照原路返回，选择了旁边下山的小路，导致下山时迷路。19 时 49 分，该男子在下山途中不慎将左小腿摔断，无法行走，请求营救。由于该男子不熟悉山岳地形，无法说清楚自己所处的具体位置。当地消防指挥中心接到报警后，先后 7 次调动 18 辆车 100 余人次，历时 9 天 9 夜的搜救，才找到该男子，但已遇难。

二、户外游事故原因

户外运动已经被越来越多的人所认可，越来越多的人选择它作为亲近大自然的最佳途径，徒步、穿越、登山，在各种户外运动中获得亲近大自然的美妙体验，但户外安全是美好追求的首要条件。影响“驴友”旅游安全的因素众多，归纳起来主要有以下四个方面。

（一）人为因素

人为因素是指由于“驴友”自身原因造成的旅游安全事故，如突发疾病，体力不支，缺乏安全意识，户外运动经验不足，放松警惕，探新冒险，对旅游地安全期望过高导致的心理落差等因素。

（二）机械（设备）因素

主要是“驴友”旅游装备不足，目的地安全设施设备不完善。“驴友”通常不走寻常路，喜欢探新求异，走“野路”，而旅游地安全设施设备不完善，通信信号无法覆盖所有区域，一旦有突发事故，就可能因户外装备不齐全、信号不佳、通信不畅等原因，延误救援时机，造成户外游事故的发生。

（三）环境因素

主要是指由于不可抗力造成的如突发自然灾害、意外事故等。环境因素具有突发性、难预测等特性，“驴友”很难规避，目前只能依托现代信息技术预测和防范自然灾害，尽可能减少对“驴友”造成的损失和伤害。然而，“驴友”的一个典型特征是喜欢冒险、求新求异，因此，很多“驴友”愿意体验恶劣天气，迎难前进。另外，诸如山体滑坡，滚落巨石，岩壁倒塌等突发意外对于“驴友”来说，也只能“听天由命”了。

（四）管理因素

主要是指户外运动组织资质认证机制缺失，户外安全管理制度不完善，旅游地治安状况混乱，以及旅游地安全隐患排查不力等因素。由于旅游地的社会治安导致的旅游安全事故屡见不鲜，“驴友”被殴打、被盗、被宰、受骗等现象时有发生。

目前，我国户外运动组织种类较多，但资质认证不规范，目前仅有中国登山协会制定的《关于登山户外运动俱乐部及相关从业机构资质认证标准》。另外，我国还没有明确的户外运动安全管理的法律法规，相关的仅有国家体育总局颁布的《国内登山管理办法》(2003)和《经营高危险性体育项目许可管理办法》(2013)。因此，由网络论坛发起的或“驴友”自发组织的户外运动处于监管的“真空”。

三、户外游安全防范

在户外运动趋热的同时，登山、探险、漂流等户外运动遇险事故也频频发生，每年都有“驴友”在事故中受伤、遇难、失踪。户外出行一定要注意户外安全。在户外运动有时会经过一些危险区域景点，如陡坡密林、悬崖蹊径、急流深洞等，在这些危险区域，要尽量结伴而行，千万不要独自冒险前往。

（一）户外活动基本法则

（1）行动之前修剪脚趾甲。

（2）保持平和的心境，抱怨的情绪无法支持你走完全程。

（3）有滚石掉下务必先回头看，告知后面的队友，并喊一声“注意石头”！

（4）经过队友的身边时须征求许可，切勿用手肘硬挤上前。

（5）停下来系鞋带、调整衣物背包、照相或欣赏风景时，需让到路边。

（6）活动中切勿跑跳，避免受伤，如扭伤脚踝或拉伤肌肉等。

（7）切勿跟得太紧，给前面的队友一点空间，最好相距三五步的距离，尤其在穿越灌木林的时候。

（8）切勿落后太多，以免和队友失去联络，或老是让前面的人等你赶上来。

（9）当队列距离拉得太开、你前后都看不到自己的队友时，请务必原地等候后面的队友！因为你不能确定大家走的是不是这条路线，严禁脱离大部队独自行动。

（10）千万不可以让队友掉队。无论第一个或最后一个都是一样，在休息处等最后一位队友赶上来，鼓励他，并给他时间休息，同时通知前队。

（二）行前准备要充分

1. 充分了解目的地

出行前，需要提前了解目的地的路线、气候特征、人文风俗等相关情况，越详细越好。提前收集当地有用的电话号码如派出所、旅游局、汽车站等，了解当地道路情况和车辆班次，制订出行备忘录。

2. 选择合适路线及团队

根据自己的体能、经验等实际状况选择合适的出行线路。若是跟团出发，要了解该团队是否有周密可行的活动计划、领队是否愿意公开自己的经历、“驴友”的口碑如何等。旅游团会在发布活动公告时注明本次线路活动的强度，应当向领队问清楚活动的具体线路、行程安排、体能要求、领队经验等情况。不要跟随没有责任感及缺乏经验的领队出行，不要参加新手超过 1/3 以上的登山队伍远征，尤其是新“驴友”。

3. 选择合适的装备

户外旅游必须配备齐全的装备。例如，野外徒步露营 3 天，需要携带背包、睡袋、帐篷、防潮垫、冲锋衣裤、徒步鞋、手杖、防晒霜、袜子、小刀、打火机、炉头、套锅、头灯、水壶、雨披等物品，还要有至少 3 天的野营食品，包括大米、火腿肠、蔬菜、水果、救生卡、应急药品等。团队装备必须携带 GPS、地图、对讲机、路标、队员名单、攻略、车辆和食宿联系办法等。

还要选择适合自己和活动环境的装备，如背包的背负系统、鞋子的适脚性等。在一次远行之前，包、鞋等装备需提前适应准备，选择最舒适的。

4. 留下足够的信息

出行前要将自己的出行信息通知家人、朋友。途中，需随时向留守人员或家人报告行踪。一旦遇险，可以联系救援队伍。出行前通过网络留下详细的计划和联系方式很重要。

5. 调整身心状态

首先要以轻松的心情去面对，做好充分的心理准备，即使旅游途中遇上瓢泼大雨等各种困难也是正常的事情，我们无法选择大自然，只能选择我们自己的态度。平时应多训练体能和技能，出发前应先做健康检查，临行前勿熬夜、勿烟酒过度。若发现身体不适，应取消活动，千万不要硬撑。

（三）跟团自重不逾规

安全怎么强调都不过分！也许你不会因为你不守纪律的诸多行为受到多么严厉的惩罚。但毫无疑问，你会成为队伍里最不受欢迎的人。你也许会被列入户外群体的黑名单，以后将没有队伍愿意接受你的加入。当然，更严重的，你也许会因为不守纪律，付出致命的代价。所以，你必须遵守下列安全纪律守则。

1. 服从团队安排

服从领队安排，遇到分歧大家可以商量解决，但决定权在领队。一个队伍即为一个整体，只允许有一种解决问题的方案。比如选择是向左走还是向右走，是继续攀登还是下撤，是否选择这个营地，决定出发时间等问题上，如果没有一个统一的意见，队伍必然会因意见分歧而导致危险。又如有的队员认为自己有更好的方案，希望改变既定行程，但这样做一旦发生意外，谁来承担责任？即使你的户外经验的确比领队丰富，但作为队员，只能建议领队考虑你的意见，而不是与领队争执或拒不服从领队安排，甚至拉小团队，各走各路。

另外，户外活动不考虑实行民主投票制度，也绝对不是少数服从多数。因为大多数人很可能对危险估计不足而做出错误判断。

2. 保持良好的团队协作精神

参加团队活动，意味着你可能没有足够的能力一个人完成目标，有任何困难或疑问尽快和领队沟通。队员、领队、教练、向导、协作员……没有大家的精诚团结、通力合作，任何一个环节的问题，就可以让这次行程变得不完美。人就是一面镜子，你对别人友善，别人也对你友善；你帮助他人，别人也会帮助你。很多人说，选择好的队友比选择一个好的目的地更为重要，相信大家也感同身受吧！你要是搞小团队，不帮助别人，不跟队友来往，整天一个生硬的面孔，那么你也很快会被孤立，你的旅程也会变得非常糟糕，毫无快乐可言。

真正的强人，是能够用多余体力照顾同行队员的人，是能够帮队员背包，协助领队收尾，到营地还有精力帮助大家搭帐篷，甚至做饭的人。而虚伪的强人，一路狂奔，把队伍甩得很远，到营地就撑起自己的帐篷，摆弄自己精致的餐具、炉具，不会为队伍做一点事情，却夸夸其谈自己走这段路用了几个小时，并洋洋得意，不断讥笑大部队走这么慢，给其他队员造成心理压力。自己体力好却不帮助队友反而讥笑他人的人，与仗着自己钱多为富不仁嘲笑别人贫困的人一样，面目可憎。另外，这类人的自以为是，往往会导致迷路、领队命令不能传达等安全隐患。

在户外，能证明你的是你的户外经验、协作精神、包容、涵养等。即使你腰缠万贯，即使你身居高位，在团队中也不要指望你可以享受特权或对其他队员有不尊重或不礼貌的言语或行为。你的钱、你的权，在大自然面前是毫无用处的。要知道一次小小的雪崩或落石，就可以让你引以为自豪的东西统统失去。

3. 做一个守时的人

守时是个好习惯，严禁迟到；也不要频繁休息和长时间拍照影响队伍行进速度。

根据“木桶理论”，一个队伍的整体速度，并不是取决于最快的人的速度或者队员的平均速度，而是队伍中最慢的那个人的速度。你就这么心安理得的每次都当那片最短的木片？你集合迟到10分钟，在路上去洗手间5分钟，休息每次都比别人长5分钟，拍照也是比别人多10来分钟，1天下来，你一个人就影响了队伍两三个小时了！在行程比较紧张的时候，要求队员无论吃饭、方便、拍照，都要动作迅速，说拍照那就统一拍照，说上车就马上上车，严禁拖拉。鲁迅先生曾经说过：“浪费别人的时间等于谋财害命。”因此，请勿因为自己的私事影响队伍行进速度，应将守时当作个人的一项基本素质。

4. 严禁擅自脱离团队

在徒步中，尽量不要离开队伍。先导队员和收尾领队，一前一后，保持了队伍的完整与协调，并通过对讲机前后呼应，可以最大限度保护中间队伍的安全。队伍必须保持紧凑，尤其是在对讲机失去作用、雨雾天气及夜间的情况下，一定要做到先导队员和收尾领队都可以相互看见。不要因显摆个人能力或关注好奇新鲜景物而擅自脱离整体团队，超越先导队员或落后于收尾领队的安全隐患，大家应该很清楚。不允许出现独自疾走、暴走和好奇新鲜而擅自脱离整体团队的情况。如果意外脱队，应尽量减少体力消耗，及时发出求救信号，必要时应折回原路或寻找地势较高的安全处避难。切忌在无路的溪谷中溯溪攀登，不可在深山无明显路径时盲目找路。

5. 要有环保意识

行动中不乱丢垃圾，不破坏植被，提倡环保。每人自备垃圾袋，每天的垃圾在营地集中处理或掩埋甚至带出山去。在路上丢垃圾的人，你所丢的垃圾在它自然降解以前，就是你的耻辱证明，也是山野团队的耻辱证明。网络上经常有曝光帖子，如果你不希望自己的队伍受到全国“驴友”关注和口水，请收好你产生的垃圾。

（四）游玩安全摆第一

1. 禁止无保护的冒险行为

禁止私自进行无保护的攀爬和涉水以及其他个人英雄主义的冒险行为。

“驴友”应该清楚意识到自己在做什么以及这一行为可能带来的危险。当年在虎跳峡有个重庆小伙，为了逞能，不顾女友劝阻，纵身跳向峡谷中的一块巨石，准备在上面摆拍，结果掉入金沙江里，尸骨无存。还有许多人，登山时在雪坡上滑雪，在突出巨石上拍照摆 POSE，爬树，在水流湍急的河里游泳，偏移计划路线不走寻常路，纵马狂奔……不管这样做能满足多少虚荣心，与生命安全相比，这些都不值一提。

2. 注意饮食卫生，预防疾病

本来美好的一个旅程，因为你吃了不该吃的东西，拉肚子；或者食用野果、野生蘑菇引起食物中毒；或者你在风大的时候不添加衣服引起感冒；或者你用冷水洗了头引起头痛；或者你走路崴了脚；或者你因为采野花手被扎伤，或者你失足跌倒……这些都会影响你行程中的愉快心情。途中还应多饮水，防止脱水和中暑。队伍中至少应有一名队员懂得基本的急救常识，有一名医生的话那是最好不过。

3. 尊重当地的风俗习惯

不同的地方、不同的民族有不同的风俗习惯。每个地方都有一些约定俗成的“规矩”，在当地人看来，这些“规矩”超越了法律对他们的约束。要命的是，这些“规矩”因人而异、因地而异，这个地方有这个“规矩”，另外的地方却是另外一个“规矩”。但不管怎么样，如果是当地人不允许的事情，就别勉强为之。一般的普世“规矩”包括：不要亵渎别人信奉的神灵和宗教，不要歧视、攻击、辱骂当地人等。另外，不要用自己的思维来衡量和要求当地人。

4. 禁止私自生火

在野外尤其是冬季的森林或草原生火，很容易引起火灾。同样，在帐篷里吸烟，不恰当使用煤气炉、汽油炉，也极易引起火灾，须知帐篷面料是非常不耐火的！如果宿营地可以生篝火，领队会选择离帐篷远的、对草皮伤害最小的地方，并拣拾枯柴来生火。

（五）户外常识要记牢

1. 户外徒步

（1）不要跟随只有豪言壮语的勇士领队出行，在户外运动时，切记：不是穿上冲锋衣的人就是强“驴”。

（2）不要在钻丛林时前后离得太近，不然回弹的荆棘容易刺伤你的双眼；低头用帽檐遮挡，或者用登山杖等防护双眼。

（3）不要在钻丛林或石林时，只知道低头弯腰，结果头过去了，包和臀部过不去；要下蹲、弯腰、低头、伸双臂，向前爬行；然后前视，待臀部通过后，才可以抬头、直腰、站立。

（4）不要脚踩被草覆盖、看不清下面虚实的羊肠小道，要争取跨越过去或者绕过去，否则，你可能掉下山坡或深坑。

（5）不要在夏秋季节做开路人，除非你很警觉、很善于发现道路上的蛇并有办法对付它。

（6）不要独自上山，如果上了，就要时常做好路标，做好退回来的打算。

（7）不要钻你不熟悉的山洞，尤其是出口少而且没有靠得住的朋友给你守门的山洞，记住安全第一。

（8）不要走在队伍的首或尾，集合时，最好主动记下领队的手机号码。

（9）不要在活动过程中怨天尤人，因为没有人逼你、骗你、求你来参加这种民间的、非营利的、有风险的活动。

（10）不要在活动中过分依赖别人，应多交流、多请教，多自立、多观察，多帮助、多谅解。

2. 登山

（1）不要借助高于自己头部的并且不能判断是否坚固的岩石攀登，把自己的生命吊挂在不了解的岩石上是极其危险的，应该先三点固定，用一个肢体的力量去验证后再行动。

（2）在攀爬碎石多、冰雪多、易滑落的山坡时，相邻队员的距离不要太近，要留出比平时多2个人的间距，以防落石等物将下面的人砸伤。

（3）登山鞋底上不要有泥沙、植物叶子、水、雪等降低摩擦系数的物质，会引起打滑。

（4）在易滑的山坡下山时，间距不要太小，要等到前面的人安全到底后，后面的人才可以下山。有条件的话，前面的人可以为后面的人作一下保护。

（5）不要在雷雨天气拨打手机，有触电危险。

（6）不要在雨后爬或经过泥石混合的地质构造地段。

（7）不要攀爬自己没把握的岩石，如果非爬不可，必须做好失手时的应急对策。

（8）不要一边爬山一边看景，你很可能失足又“失身”。不要在爬山的时候，与别人和自己较劲。

（9）不要一心跟着“头驴”赶路，你要15分钟左右停下几秒钟回头环顾四周，寻找参考系，多记路。

（10）在爬山爬得满身大汗的时候，不要突然跳进水里去游泳，也不要图凉快迎着风口站。

（11）在爬山过程中，两腿发抖或眼前发晕或呼吸艰难的时候，不要继续坚持爬山；应该立刻通报领队，或者告诉身边的朋友。

3. 吊拉

（1）不要两个人手握手，从下往上拉人，要彼此手握对方的手腕。

（2）不要借助枯枝、杂草或直径小于自己拇指粗细的树枝等的拉力攀岩，只能够借助大于自己拇指粗细的有根基树枝的拉力攀爬。

（3）不要借助小于自己手腕粗细的树枝做单杠，吊拉弯曲树枝来上升或下降，容易折断；要采用大于手腕粗细的树枝，或者尽量贴近受力树枝根部（靠主干处）。

（4）不要使用比自己小拇指还细的普通绳索来垂直吊拉自己，只能作为辅助吊拉使用。

（5）不要在没有固定的岩石上，站立着弯腰伸手去拉下面和你体重相当的人。要身体向后，手的拉力尽量贴近腿的蹬力作用线，或者身后有粗树或人手可以固定自己。

4. 下山

（1）不要长时间、连续地向下蹦，除非你经常做这种运动。

（2）负重下山时不要跑步，惯性可能让你停不住而导致受伤。

（3）在陡坡上，不要因胆小而采用两脚靠近小碎步，正面下山坡，这样非常容易后仰摔倒，然后坐滑梯冲下山。你可以采用侧身、深蹲、侧压腿（侧弓步）式，挪步下山，这样安全又快捷。

（4）在冰雪天下山时，不要独自向山下滑行，最好两人一组使用 10 米左右的绳索，上面的人拉绳释放另一人下山，然后上面的人自行下滑，下面的人作保护，用绳索拉住他，不让他冲下山。轮流交替，互相保护。

（5）不要在大雨过后，徒步涉水过水位超过裆部的河水。水火无情，这和你游泳的水平无关。如果非过不可而且没有绳索等过河装备，要尽量选择河宽水缓、水较浅、河底较平缓的地方，寻找一块大石头抱在怀中，小弓步，不抬脚，贴河底，缓挪步过河。

四、户外游安全应对

在户外旅游时，不可避免会出现人员受伤、中暑的情况，甚至会遇到山洪暴发、山体滑坡等自然灾害。此时，我们该如何应对？

（一）户外求救与营救

进行户外活动前应充分了解前往区域的地形特点，了解可能出现的突发情况和可能存在的危险，了解当地救援机构、救援措施和联络途径，并准备好用于紧急求援的设施。

1. 户外求救的方法

遇有“驴友”或任何人士在户外严重受伤时，应立即进行救援。发出国际山难求救讯号，直至有救援人员到达为止。在可能情况下，应安排一名伙伴陪伴及照料伤者，另外两人结伴前往求救。为及时开展救援工作，前往求救的人员应将意外的详情、地点及伤者的状况用纸笔记录。如有可能，记下地图坐标，避免求救者因紧张、迷途受困，或口头传讯含混不清致求救信息不能准确地传达。

2. 求救内容

登山遇有意外需救援，求救时要尽量提供下列情况。

（1）发生意外的性质、原因。

（2）发生意外的位置、附近地形或特别参照物。

（3）伤者情况，包括姓名、年龄、性别、电话、地址、伤势、已施行的急救措施。

（4）天气情况。

（5）同行者情况。

（6）其他需说明的事项。

3. 国际山难求救讯号

在 1 分钟内，连续发出 6 次长讯号，停顿 1 分钟后，重复同样讯号，不要中断直至有救援人员到达为止。即使已被救援人员从远处发现，也要继续发出讯号，使救援人员知道求救者的正确位置。发出讯号的方法有：

（1）吹哨。

（2）白天用镜子或金属片反射阳光发出闪光。

（3）夜间用电筒发出闪光。

（4）挥动颜色鲜艳明亮的衣物。

4. SOS 求救讯号

如有条件，可在平坦的空地上用石块或树枝堆砌 SOS 大写字母。

（二）中暑应对

当环境温度高，而人体无法排出汗液、调节体温时，便会中暑。

1. 症状

（1）患者感到热、晕眩、不安宁甚至不省人事，体温可能升到 40℃以上。

（2）皮肤干燥而泛红，呼吸和脉搏加速，严重者会休克。

（3）患者体力衰竭、头痛、晕眩、恶心及可能肌肉抽筋，面色苍白，皮肤湿冷，体温可能正常或下降。

2. 对策

（1）过热可能引致热衰竭，通常是在炎热潮湿的天气中运动，尤其未能补充因汗水所流失的水分和盐分时发生，所以要多喝水。

（2）行程中应适当休息，不应过度疲劳，以免消耗体力。

（3）避免长时间受到太阳直接照射。

（4）如体温上升，应尽快降低患者的体温，寻求医疗援助。

（三）山火应对

为保护大自然的生物及美景，任何时候都应小心火种。切勿在非指定烧烤地点或露营地生营火煮食；吸烟人士应尽量避免吸烟，吸烟后烟蒂和火柴必须完全弄熄才可抛弃于垃圾箱内或带走。

1. 发现山火，尽快远离火场

由于山火在白天较难看见，应随时留意飞灰和烟味。切记山火蔓延速度极难估计，如发现前路山下远处有山火，不应冒险尝试继续行程，以免为山火所困。发现山火，尽快远离火场。

2. 立即报警

遇到山火时应保持镇静，切勿惊慌。立即向有关部门报警，可拨打“95119”电话向森林部门报警，也可拨打“119”电话向公安消防部门报警。

3. 扑救火灾

当山火的范围很小，或你确实处于安全的地方，或你有可逃生的路径时，你可以利用树枝等物进行扑打灭火，否则切勿随便试图扑灭山火。

4. 火场逃生

当你被山火围困时，应注意观察，以便迅速逃离火场。

（1）注意观察山火的蔓延方向，避免向山火蔓延的同一方向逃避。

（2）注意观察附近小径的斜度，选择较易逃走的小径。观察附近植物的高度及密度，选择少植物的地方。沿现有的小径逃生障碍会比较少，因而走得更快。

（3）若山火迫在眉睫又无路可逃，则应以衣物包掩外露皮肤逃进已焚烧过的地方，这样可减轻身体受伤的机会。如情况许可，将周围的枯草、树枝拔除，留出安全空间。

（4）切勿往山上跑，会消耗体力。切勿走进矮小密林及草丛，山火在这些地方可能会蔓延得很快而且热力也会很高。

（四）山洪暴发应对

远足者不应低估山洪暴发的威力和速度。小溪的流水往往由于上游降下大雨，雨水汇集涌下，于数分钟内演变为巨大山洪，如游人正好在溪中，极易被洪水冲走，导致伤亡。

（1）除非是有准备的溯溪活动，否则不要沿溪涧河道远足。

（2）雨季或暴雨后切勿涉足溪涧。

（3）不要在河道逗留休息，尤其在下游。

（4）开始下雨时应迅速离开河道，往两岸高地走。切勿尝试越过已被河水盖过的桥梁，应迅速离开河道。

（5）发现水流湍急、混浊及夹杂沙泥时，是山洪暴发的先兆，应迅速远离河道。

（6）如果不幸掉进湍急的河水里，应抱住或抓紧岸边的石块、树干或藤蔓，设法爬回岸边或等候同伴救援。

（五）山体塌方应对

暴雨时或经连日大雨，天然或人工斜坡渗进大量雨水后，极易导致山泥倾泻，引发山体塌方。

1. 注意观察山体塌方预兆

斜坡底部或疏水孔有大量泥水透出时，显示斜坡内的水分已饱和，斜坡中段或顶部有裂纹或有新形成的梯级状，露出新鲜的泥土，都是山泥倾泻的先兆。

2. 避开塌方体

如遇山泥倾泻阻路，切勿尝试踏上浮泥前进，应立刻后退，另寻安全小径继续行程或中止行程。应尽快远离这些斜坡。

3. 寻求救援

如队友被山泥淹没，切勿随便尝试自行拯救，避免更多人伤亡，应立刻通知有关部门准备适当工具进行救援。

（六）雷击应对

雷电通常会击中最高的物体尖端，然后沿着电阻最小的路线传到地上。远足者如遭雷击，大多会出现肌肉痉挛、烧伤、窒息或心脏停止跳动。因此出行前应留心天气预报，避免在雷电多发期前往高山或空旷的郊区活动。如收到雷暴警告应改变行程，避免暴露在危险区域。

1. 躲入建筑物内，尽量远离树木

在旅途中如遭遇雷电天气，应尽可能躲入建筑物内。切勿在山顶和大面积的水域附近停留，尽量远离树木或桅杆等容易被闪电击中的物体，尽量远离铁栏或其他金属物体。

2. 不使用电气设备

避免使用带有插头的电器，不能打手机，因手机的电波也会加大雷电跟踪的概率。切勿接触水质或潮湿的物体，切勿接触天线、水管、铁丝网或其他类似金属装置。要除去身上的各类金属物品，包括金属首饰、发卡等，更不能把金属物体扛在肩上。

3. 不乱跑

雷电发生时不要惊慌，要避免奔跑或骑自行车、摩托车疾行，因奔跑时会加快空气流动，从而让周边空气变稀薄，可能导致雷电“跟踪”自己。如有闪电击中近处物体，一定不能躺在地上或慌张奔逃，应并拢双腿蹲下并尽量减少与地面接触的面积。因闪电击中物体后电流会经地面传开，形成跨步电压，潮湿地面尤其危险。前往户外活动最好穿着胶底鞋。

五、野外露营安全指南

选择营地首先要考虑的就是安全。在野外，很多意外都可能发生。在低海拔地区，危险性要小得多，但仍必须遵循营地选择的基本原则。

（一）避开滚石

在搭帐篷之前，必须仔细勘察地形，营地上方不要有滚石、滚木以及风化的岩石，一旦发现附近有岩石散落的迹象，绝对不可以再搭建帐篷，尤其是靠岩石壁越近的地方越要留意，尽量要避免在凹状的地方扎营。万一发现滚石，应立即大声喊叫，通知同行伙伴。

（二）不要在泥石流多发地建营

营地不要选在离泥石流通道太近的地方。许多石块有被泥土包裹的痕迹，这是识别发生泥石流的主要标志。

（三）防雷击

雷雨天不要在山顶或空旷地上安营，以免遭到雷击。

（四）防山洪

营地最好选择在山脊上或河的两岸，既安全，又便于欣赏风景。不要在河滩、河床、溪边及川谷地带建立营地，以防被突如其来的洪水冲走。

较为理想的露营场所，不外乎河岸的台地或宽大的河岸。沙地平坦又干燥，而溪谷边有清澈的水流，也有可作为薪材的流木，气候良好时，这里是很不错的宿营地。

但是，如果下起倾盆大雨，山谷里的水很可能会突然暴涨，使河岸没入水中，冲走登山鞋、食品等，甚至连人一起被水流冲走。因此，雨季在野外宿营前一定要关注宿营地当地及河流上游地区的气候、水文情况，宿营时要在离水面几米高的高地上搭帐篷，不要选择雨水通道，要选排水良好的地方，还要选择危险时可逃生的路径。

当一切都安顿好，还需时常注意水流量、浑浊情况以及流水声。一旦感觉异常，就要赶快逃跑。深夜或疲惫时都容易忽视灾害，千万不要粗心或观察不仔细。

近水营地要选择离水源近的地方，这样既能保证做饭饮用的用水，又能提供洗漱用水，如果远离水源则会给营地带来很多不便，甚至是危险。但是深山密林中，近靠水源会遇到野生动物，要格外小心注意。

（五）避风

风会迅速带走人体的热量，给人带来寒冷，甚至引发疾病。同时大风会卷走帐篷，会搅得人无法休息，点燃篝火就更困难了，做饭取暖也难以保证，所以营地一定要避风。最好是在小山丘的背风处、林间或林边空地、山洞、山脊的侧面和岩石下面等。

（六）防兽

建营地时要仔细观察营地周围是否有野兽的足迹、粪便和巢穴，不要建在多蛇多鼠地带，以防伤人或损坏装备设施。要有驱蚊、驱虫药品和防护措施。在营地周围遍撒些草木灰，可以有效地防止蛇、蝎、毒虫的侵扰。

（七）日照充足

日照营地要尽可能选在日照时间较长的地方，这样会使营地比较温暖、干燥、清洁，便于晾晒衣服、物品和装备。

（八）地面平整

营地的地面要平整，不要存有树根、草根和尖石碎物，也不要有凹凸或斜坡，这样会损坏装备或刺伤人员，同时也会影响休息质量。

（九）保护环境

在野外要保护自然环境，不伤害野生动物，不乱砍滥伐，不破坏自然植被，不污染水源，撤营时必须将燃火彻底熄灭，垃圾废物要尽可能带出，丢放在指定的地方，特殊情况无法带走时可将垃圾挖坑掩埋。

第五章

自助游安全防范与应对

自助游是新兴起的一种旅游方式，就比如自选商场，所有产品（服务）都明码标价，由游客根据自身条件（包括时间、预算、身体状况等）自由选择服务组合的旅游类型。旅游中所涉及的吃、住、行、游、购、娱，所有事情全由自己搞定，虽然操作起来比较烦琐，但却摆脱了以往旅行社预先安排好的行程模式，更加随心所欲，自由自在，充满了多元化的个性元素。

最早的自助游是由年轻人走出了第一步。他们渴望投入大自然的怀抱，享受旅游的快乐，但又付不起昂贵的费用，于是自己背起高过头顶的背包。为了多玩些地方，他们决不轻易花钱，甚至会寻求在机场或车站过夜的可能性。他们通过自助旅游手册，知道如何在旅途中省钱的途径和方法，对各地的住宿、交通、值得一去的地方也有所了解。他们搭顺风车，住便宜旅店，跟人讨价还价。从此，自助游的概念开始兴起。自助旅游的定义并非限定于一个人的旅游才可名为自助，即使三两个好友同行彼此照应也可以说是自助旅游。自助旅游不是年轻人的专利，也不是省钱旅游的代名词，而成了重要的旅游趋势，无论老少，希望享受自由、深入、有特色旅游的人都会加入自助旅游的行列。随着网络信息资源互动性的增强，使较大比例的年轻群体开始倾向于选择自助游。

一、事件回放

（一）旅游也能“坠亡”

2010 年 11 月 30 日，杨某用网络用名“春天的雨”在网络论坛上发布旅游帖子，计划组织有意愿的“驴友”共同前往某风景区游玩，活动费用 AA 制。团队成员包括徐某某一共有 63 人。

2010 年 12 月 4 日上午 11 时，杨某带领团队到达了风景区，景区入口有警示牌写明：“景区目前处于停业整修状态，请游客止步！敬请前来的各位游客合理安排行程，特此声明！某某景区管理局，2010 年 10 月 1 日。”随后杨某“想方设法”带领其他同伴进入景区游玩。在游玩行程快要结束时，徐某某走在队伍的后端，不慎从一处悬崖掉下身亡。

（二）迷路

（1）2005 年 5 月 21 日，杨小姐和同事一行 13 人来到位于坪山边缘、在惠州塘埔村境内的石头河游玩。他们是通过网站了解这个地方的，当时他们看到网上的图片很美，而且网民对该地的评价不错，称其为“轻松级别”的风景区，因此他们没有做太多的准备就出发了，只随身带了食物和水，甚至杨小姐还穿了短衣短裤，他们打算去休闲一天，傍晚就回来。

中午 12 点，他们在石头河的入口处吃了午餐，然后向石头河的情人谷挺进。然而出乎他们意料的是，石头河大部分地方都布满大石头，地势很险，他们经常需要手脚并用才能跨过一块石头，完全不像网上描述的那样“轻松”。更让人恼火的是有很多蚊子，怎么赶也赶不走，身着短装的杨小姐叫苦连天。

很快，他们带的水喝光了，只能喝河水。走走停停，时间已经到了下午 5 点，他们还未找到出去的路，而且身在山谷，手机没有信号，无法求救。他们以为上了山顶就会找到回去的路，到了半山腰，手机有了信号，杨小姐立刻拨打“110”求救。大亚湾公安局立即出动 15 名警员前往山区寻找。

好不容易到了山顶后天色已经全黑了，他们却发现周围都是山，根本无法找到出口。于是他们只能背靠背围成个圈坐下，不敢睡觉。

次日天明，他们由原路下山。8 时许，终于看见了救援队伍。11 时，他们被安全带出山区。

（2）2007 年 3 月 5 日网名为“海”的山友，通过在绿野户外网站发帖，邀约 11 人攀登北京门头沟灵山。当时提出行动的路线为 3 月 10 日上午 10 点半到达灵山南侧的下马威，下午 1 点登上海拔 2 303 米的灵山主峰，下午 5 点返回灵山南侧海拔不足千米的洪水口。

10 日早晨 10 时许，11 人在柏峪口下车，开始向灵山攀登，中午 12 时多，到达了实心楼，并在那里吃了午饭。但由于灵山的大雪已经覆盖了所有道路，他们很快迷路，同时，由于行走速度不一，他们分成了 6 人和 5 人两组各自行走，并约定下山后会合。

5 人组最终走到了苇子村落脚，6 人组一直没能找到下山的路。夜幕降临后，风太大不能生火，导致队员们无法取暖，晚上 10 时 30 分，网名为“夏子”的“山友”出现虚脱，其他人选择了报警，而在报警后的半个小时，“夏子”出现昏迷情况，并在凌晨去世。另 1 名男子出现虚脱和视力受损。警方赶到后，他们已受困约 10 小时。根据警方掌握的情况，这支队伍没有带急救药品，也没有配备医生。

二、自助游事故原因

“驴友”不了解旅游目的地环境，或是准备工作没有做到位，加之自主选择非常规路线，这些都很容易导致事故发生。

（一）陌生环境存在不稳定因素

自助游需要游客自己通过网络、朋友等渠道对目的地情况进行了解，相比较而言，无法像旅行社导游或当地居民一样熟悉本地的环境，不了解不同时期安全的旅游路线，这为自助旅游安全埋下隐患。自助旅游“驴友”选择非常规路线时，无形当中增加了旅游的危险，不熟悉的山路可能会有落石、泥石流等情况；在山村林中的一些绳桥、木板桥已经年久失修老化严重，没有人指导确认能否通过的情况下，贸然过桥也很容易发生危险；同时，自助游消息相比旅游团闭塞很多，无法及时知晓突发事件，如遇到远处山火，没有人通知及时规避，很容易导致危险的发生。

（二）风俗习惯不同潜藏不安定因素

对当地的信仰与习俗不了解，没有导游进行提前的指导且“驴友”没有提前做好功课约束自己的行为就很容易与当地居民或教徒发生冲突。以西藏旅游为例，藏族是一个历史悠久的少数民族，藏族人民长期生活在与外界联系较少的青藏高原。每个民族都有自己的禁忌，藏族也有一套独有的风俗和禁忌习惯。这些禁忌很多，像一部不成文的法律，约束着人们的日常行为。因此到西藏旅游，入乡随俗就显得尤为重要。如藏族人绝对禁吃驴、马和狗肉，有些地区也不吃鱼肉；忌讳别人用手触摸头顶；不得跨越法器、火盆；行路遇到寺院、玛尼堆、佛塔等宗教设施，必须顺时针向右绕行；经筒、经轮应顺时针向右旋转，不得逆转。游客如不了解，极有可能冒犯了他们，引起纷争，出现安全事故。

（三）安全意识弱，缺乏避险技能

部分自助游旅客安全意识弱，缺乏避险技能。如汛期来临，景区部分区域会实施关闭，“驴友”没有收到警告，另辟蹊径误入其中很容易发生危险，或者在河边宿营，很容易受到洪水的袭击。雷雨天气来临时，没有导游指导帮助，不能及时寻找避雨地点，容易遭遇雷击，曾有安徽天柱山景区因雷暴天气，致游客遭雷击，造成 3 死 3 伤。游客对飓风、龙卷风等自然现象不熟悉，自认为安全时到海边游泳，容易发生危险；海上风暴过后，海里并没有表面那么平静，海底暗涌频急，海水浑浊，期间游泳危险指数很高。

其他的不安定因素还包括一些娱乐设施，“驴友”到达旅游目的地后，除了欣赏美景外还会参加一些当地的娱乐活动，例如漂流、滑草、小火车等，对于这些娱乐设备的维护保养情况，只有当地人或导游知道，自助游的“驴友”对此缺乏了解，这就增加了玩乐时的风险。江苏宜兴竹海景区滑道就发生过此类事故，导致 4 死、245 人受伤。

（四）势单力薄易被抢被盗

自助游的参与人员通常没有旅游团多，是一个势单力薄的群体，极易被不法分子盯上谋取钱财。在国内此类事故屡见不鲜，如大凉山彝族地区，如果你的车压了当地人的鸡鸭，估计你身上值钱的东西，都会被讹走。在青海湖，不要随便开车上草原，牧民会说你压了人家私人区域，等着赔钱吧。国人出国游同样经常发生被抢被盗事故。

（五）无人带领可能因小失大

自助旅游中游客自己就是旅游行为的主导者，需要考虑旅游途中多方面的问题。而旅游团出行，导游已经将整个行程的各方面规划完善，不需要游客自己计划思考路线等问题。所以自助旅游的“驴友”能否在面对不同情况时需要做出自己的选择，例如是选择舒适安全但风景一般的旅途，还是选择有风险但是风景秀丽的旅途，这就要看“驴友”能否理性地从自己各方面素质进行综合考虑了。然而有些游客为追求刺激和美丽的风景，不惜以身犯险出现意外，最终因小失大。以西藏旅游为例，西藏更多地保留了大自然的原始风貌，但是部分旅游线路道路艰险、行车条件恶劣。我国西部许多热点旅游线路的旅游交通条件还有待改善，大量风景秀丽的地方往往道路崎岖，到处悬崖峭壁，行车条件较为艰难。经验不足或疲劳驾驶的司机一旦碰上危险的随机事件，容易引发旅游交通事故。如2004年10月10日在四川省平武县古城镇发生一辆旅游车坠入涪江事故，2006年4月30日在云南迪庆藏族自治州香格里拉县发生一辆旅游车与一辆轿车相撞后翻入路边100多米落差的谷底事故，都是由此造成的。

三、自助游安全防范

自助旅游最大的特点就是旅游内容自主性很强，每个人都有充分的时间来享受旅游中的乐趣，旅游内容与行程大多由自助游客自行主导是自助旅游最大的特色，也是最吸引人的地方。为确保自助游的安全，游客必须采取必要的安全防范措施。

（一）制订自助游计划

制订好出游计划，尽量避开客流高峰。事先尽可能多了解目的地的地理人文、民俗风情、物产特色等方面的情况，有益于在丰富旅途见闻的同时，提前做好安全准备。

1. 游览路线的选择

（1）出游最好选择已开发的风景区或成熟的游览路线，避免遭遇难以预测的危险。

（2）在景区游览时，应按指示标志行走，遇“游人止步”标识不要强行穿越，不盲目选择非正规路线，避免遭遇危险。

（3）选择游览路线时要充分考虑自己的身体素质、心理素质、现有装备和经济承受能力，避免盲目选择给自己带来负担和危险。

2. 旅伴的选择

（1）应选择品性良好、志趣相投、相互信任的朋友作为旅伴。

（2）尽量避免独自与陌生人共同出游，至少应有一名熟悉的朋友结伴，以防意外。

（3）选择户外徒步穿越、登山、漂流等危险性较高、专业性较强的旅游项目时，一定要寻求或雇佣专业人士陪同指导。

3. 交通工具的选择

自助游尽量选择舒适、快捷的交通工具。

（1）根据时间、经济能力选择适当的交通工具。

（2）到正规的售票地点购买车票、船票或飞机票。

（3）不要乘坐一些没有经营许可证的出租车、巴士、游船等。

（4）集体包车出游前要查看供车公司资历，签订责任书并购买保险。

（5）自驾出行的要保持车况完好，严格遵守交通法规，注意安全驾驶，注意选择安全状况良好的道路，尽量避免夜间长途行车。

（二）准备必要的行李

1. 携带行李的原则

（1）选用结实、方便携带的旅行包。

（2）用品应尽可能地齐全，根据个人情况携带。

（3）在齐全的基础上应尽可能地精简，力求把包具归类，减少件数。将行李减至最少限度，尽量整理打包成小型，留下空间装旅途中购买的纪念品及礼物。

2. 整理行李的窍门

（1）不常用的、较大较重的物品先装，以利搬运。

（2）瓶装化妆品等易碎之物，用 T 恤或毛巾包裹。

（3）在行李空隙处塞入卷筒状的毛巾。

3. 携带物品

（1）文件类

自助游应带好机票、车票、身份证、学生证、现金、钱包、旅游指南手册、地图、记事本、电话通讯录等。

（2）小用具

小用具包括手机、相机、胶卷、闹钟、手电筒、刮胡刀、电池、指甲刀、水壶（可盛热水）、开罐器、小型衣架、针线包、纸笔、纸巾、多个备用塑料袋等。

（3）穿戴类

穿戴类包括备换服装、备换鞋、睡衣、雨衣或雨伞、眼镜、毛巾、化妆品、防晒霜、太阳镜、洗浴用品、梳子、牙刷牙膏等。

（4）必要的药品、饮料、食品

带好必备的药品，一旦身体不适，身边的小药就能救大急。

4. 旅游衣物的选择

自助游应携带通风好、吸热少、吸水性强、耐脏、易洗的旅游服装。按照这一要求，运动装和牛仔裤是比较适宜的。运动装柔软，穿上比较舒服，更适宜爬山和长途行走。

5. 鞋的选择

要旅游顺利，选择一双合适的鞋非常重要。一般而言，如果到海边或参观平地上的名胜古迹，可以选穿运动凉鞋或休闲鞋；如果前往山区，以爬山、攀岩或野外探险为主，最好挑选鞋底颗粒大、抓地力强、防滑耐磨的运动休闲鞋。

（三）快乐旅游五原则

1. 去名地，看名景

在旅游前，经常可以听到一些人这样讲：“黄山其实就那么回事”“西双版纳景区也不过如此”等劝你不要去著名景点的信息，对此你要不以为然。对一个游客而言，名山名景自有名山名景的味道，著名景区的相关设施等也较为齐全。对于大多数中国人而言，首选还是最著名的景区。

2. 好书在手，胜过导游

买一本介绍当地风景名胜的小册子，这个钱会花得很值。比如到承德避暑山庄，只要你买一本介绍避暑山庄的导游手册，就可以了解山庄内的所有景点，如果拿上手册，边看边体味，那更是别有情趣。

3. 先品景，再留影

不少人到某地旅游时，总把拍照放到了一个重要位置。其实细细想来，这有点本末倒置。千里迢迢来观光美景，本意并不是仅仅为了拍照。正确的做法是，先细细地欣赏、品味，然后有感而拍。毕竟一个有名景点的存在有它存在的诸多理由，多转一转，多看一看，也许你会有更多的体会。

4. 夜晚要早睡，地图要先备

旅游在外，由于身心比较疲劳，宜早睡早起。在景点居住，晚上最好不要独自外出，以免发生意外。另外，到达目的地以后，别忘了买一份地图，你可以在地图上找你希望去的景点。有一点提醒游客注意，在不了解当地的情况下，最可以相信的除了警察以外，就是地图了。

5. 受气要忍住，事后要投诉

在景区受气的事情时有发生，在遇到这种情况时，最好的办法是先忍住，不要因为与对方去争那口气而破坏了你整个旅程的好心情。你可以记录下当时的真实经过，事后向有关部门投诉。

（四）注意交通安全

在乘车、船时，最好选择中间位置及舒适座位，以防晕车、晕船而引起恶心、呕吐等不适，上下车、船时，不要一拥而上，防止挤伤、跌伤。

（1）游客在机、车、船停稳后方可上下机、车、船，并按机场、车站、港口安全管理规定或指示标志通行及排队上下机、车、船；要讲究文明礼貌，先照顾老人、儿童、妇女；切勿拥挤，以免发生意外。切勿携带违禁物品。

（2）在机、车、船临时停靠期间，服从工作人员安排，切勿远离。

（3）在乘车途中，不要与司机交谈或催促司机开快车、违章超速和超车行驶；不要将头、手、脚或行李物品伸出窗外，以防意外发生。

（4）下车浏览、就餐、购物时，注意关好旅游车窗，拿好自己随身携带的贵重物品。

（5）乘坐飞机时，注意遵守民航乘机安全管理规定，特别是不要在飞机上使用手机等无线电通信工具。

（五）游玩安全防范

1. 高原旅游安全防范

在高原旅游期间，最需要注意的就是高原反应。同时，由于高原地区昼夜温差很大，春夏季日照强烈，紫外线强，因此，要多穿衣服，宁热勿冷。

（1）保持乐观情绪

心理负担会加重高原反应，延缓人体适应高原气候；进入高原前睡眠和休息要充足，严重高血压、心脏病患者不宜进入高原旅游。

（2）不要剧烈运动、暴饮暴食

初入高原，最好能用半天静养休息。多喝水、多吃水果，禁烟酒。不要奔跑和剧烈运动，不可暴饮暴食。

（3）服用防高原反应药物

一般大部分初次进入高原的人，在海拔 3 000 米的高度，24 小时内出现头疼、头晕、眼花、耳鸣、全身乏力、行走困难、难以入睡等症状，严重者出现腹胀、食欲不振、恶心、呕吐、心慌、气短、胸闷、面色及口唇发紫或面部水肿等症状。当然每个人的高原反应表现形式也各不相同。常用的预防高原反应药物有红景天、肌肝片、葡萄糖等。进入高原前两天开始服用，可有效防止高原反应。

（4）多穿衣服，宁热勿冷

初到高原，要防止因受凉而引起感冒，感冒是急性高原肺水肿的主要诱因之一。要多穿衣服，宁热勿冷。

2. 沙漠旅游安全防范

进行沙漠探险前要了解当地情况，制订好详细计划，联系有经验的固定伙伴，不要单人徒步旅游。

（1）预先准备

准备精度高的地图，携带指南针或卫星定位仪（GPS），这样导航、记录航线才有保证。备足饮用水和干粮。沙漠温差很大，冬季、夏季服装均应准备。去沙漠旅游要穿上靴子等较厚的鞋，沙漠温度白天会达到 50℃，穿厚鞋可防止皮肤被烫起泡和化脓感染。准备太阳镜以防风沙，同时携带水壶、爽身粉、手电筒、宽胶带、小圆镜、塑料袋等小物品。

（2）避开沙暴

一般不要在春季和夏季去沙漠。从 3 月中下旬开始，一直到 5 月，沙漠的气候瞬息万变，风很大，特别是遇到沙暴，容易迷途并危及生命。

（3）防高温

沙漠最大的危险之一是高温。高温会造成脱水，自进沙漠起，就要不停地喝水，哪怕不觉得口渴，也要一小口一小口地喝。尽量选择沙丘的阳面顺风行走，气温高时可选择沙漠的背阴处歇息。要随身备足饮用水，记得带维生素。

（4）防昆虫和野生动物

做好防护，衣服之间不要有空隙，衣裤之间要连得很紧。不要随便招惹野生动物。不要贸然下湖，湖中也许有很多危险的生物。

3. 登山安全防范

自助游如果选择去登山，就有摔伤、被山石击中甚至坠亡的危险，因此，在登山时应注意观察，采取必要的安全防范措施，避免事故的发生。

（1）选择安全的登山路线

行前预先规划旅游路线，充分了解交通路况，选择一条设计良好的登山路线。要有明确的撤退路线，同时沿途最好有补给及通信站，进入山区应注意塌方落石与路肩塌陷。

（2）量力而行

登山前应了解自己的健康状况，随身携带必备的药物；有高山反应及身体不适者，不要勉强上山。登山时要根据自己的体能掌握攀登高度和速度，某些慢性病如冠心病、癫痫病、眩晕症、严重高血压、肺结核等患者不宜登山；中老年人登山，要准备一根拐杖。

（3）穿着适宜的服装

登山前注意气象预报，适时增减衣服。尽量选择颜色鲜明的衣服，可以反射阳光，减少身体热度。鞋子选用球鞋、布鞋和旅游鞋等平底鞋；建议穿厚袜子。

（4）做到观景不走路，走路不观景

不要边登山边观景，注意脚下，做到观景不走路，走路不观景，防止踩空、掉落。照相时要特别注意安全，尤其要注意岩石有无风化。遇雨时在山上不可用雨伞而要用雨披，以防雷电，或风大连人带伞被吹跑。

（5）少说话

说话会影响呼吸的频率和深度。尽量不用嘴呼吸而多用鼻子呼吸，用嘴呼吸容易将蚊虫吸进口腔，也不易掌握呼吸频率。

4. 潜水安全防范

参加潜水要有潜伴陪同，注意安全。

（1）岸上培训，学习技能

岸上培训很重要，你需要学会使用装备，懂得预防水压造成的身体不适或伤害，并熟练掌握一些技术，例如面罩排水、呼吸方式和浮力调节等。

（2）掌握水下呼吸

面罩戴上后，须将前面的头发拿出，以免面罩漏水；为防止面罩模糊，可用口水、烟草、海草涂抹；潜降时外压增加，必须以鼻子慢慢吹气的方法排除面罩压力，以免面部受到伤害；面罩进水时，头部微微上仰，压住面罩上方，鼻子慢慢吹气将水排除。

潜入水中时，水会进入呼吸管中，所以必须浮到水面用力吹气，将水排除。吸气时要慢，吐气时则要用力地吹，管中的水必须一口气排除。潜入水中时，不要在水中吐气，以免浮上水面后没有空气来做呼吸管的排水动作。

下水不要紧张，第一次下水觉得不适应，可浮上来调整呼吸再次下水，潜水过程中要有潜伴陪同。

（3）调整耳压

在海底，由于水的压力压迫耳膜，耳朵会感觉刺痛，可运用调整耳压法进行调整。

（4）不触摸不认识的生物

在海底，不要用手、脚去触摸一些不认识的生物，以免引起一些有攻击性动物的反击。

（5）不佩戴隐形眼镜

近视的游客可选择有度数的潜水镜，千万别戴着隐形眼镜潜水，这样不仅容易让水冲走，而且当你从海底上升时，你的眼睛将和身体的各部分一样开始排出氮气，而隐形眼镜会阻碍这一过程。

5. 漂流

（1）准备替换衣物

漂流不可避免会“湿身”，应准备替换衣物。参加漂流应选择平底拖鞋、塑料凉鞋或旅游鞋，不要穿皮鞋，注意防寒防晒。

（2）别带贵重物品上船

不可将现金、贵重物品和怕水的物品带上船，若有意外，漂流公司和保险公司不会赔偿游客所遗失的现金和物品。

（3）穿着救生衣

必须全程穿着救生衣，确保安全。

（4）保持平稳，避免冲撞

听从船工指挥，不做危险动作，遇激流时应紧抓安全绳，身体向船体中央倾斜。保持平稳，避免冲撞。实在避无可避时，要将艇身控制在正面迎撞的角度（侧面碰撞容易翻船），人员抓紧绳索。

（六）防中暑

自助游若选在户外温度较高的时间，特别是夏季烈日炎炎时，极易中暑，应采取防中暑措施。

1. 戴帽、打伞

帽、伞对阳光有一定的遮挡作用，能防止紫外线的伤害。

2. 中午要休息

早晨空气新鲜，气候凉爽。因此，夏季外出旅游时，出发时间应该早些，到了中午就休息，下午三四点钟以后再进行户外活动。

3. 多喝盐开水

多喝些浓度不高的盐水，可以补充体内失掉的盐分，从而防暑。喝盐水时，要少量多次，才能起到预防中暑的作用。

4. 带防暑药物

如人丹、清凉油、风油精、十滴水、薄荷膏、藿香正气丸等。

四、自助游安全应对

在自助游时，由于没有导游的安排指引，游客往往会因找不到行程路线而迷失方向，或在自助游时发生一些意外情况，自助游客应掌握必要的应对技能，以防不测。

（一）迷路

在自助旅游时若有不慎，容易迷失方向。遇到这种情况，千万不能心慌着急，只要冷静观察一下周围的景物，就会在大自然中找到许多识别方向的标志。

1. 利用地图定位

如果携带有详细地图的话，应先查一查图例，看看每个符号代表什么，并且找到自己立足处位于地图上的哪一区。在地图上找出迷路前的位置，然后回忆一下曾经经过的房屋、溪流或其他地理特征。

如果没有携带地图和指南针，首先需要考虑能否返回刚才走过的大路。

2. 利用太阳分辨方向

如果找不到可靠的地理特征，可以利用太阳分辨方向。正午时，北半球的太阳在天顶靠南，南半球太阳则在天顶靠北。

3. 观察树木辨别方向

在旅途中游客如果迷失方向，又没有带指南针，可以在稍开阔的地方，观察一棵独立的树木，枝叶茂盛的一侧是南，稀疏的一侧是北。如果有树墩，可观察其年轮，年轮宽的是南，年轮窄的是北。

4. 观察苔藓辨别方向

如果云层厚密，看不到太阳，可以通过观察树干或岩石上的苔藓来辨别方向。苔藓通常长在背光处，在北半球，朝北或东北面的苔藓较多，在南半球，则朝南或东南面的苔藓较多。一般岩石的北侧布满青苔，南侧干燥光滑。

5. 根据蚁穴识别方向

游客可以根据蚂蚁的洞穴来识别方向，因为蚂蚁的洞口大都是朝南的。

6. 根据星辰识别方向

如果在星光灿烂的夜晚，则可以根据星辰来识别方向：在北半球，北斗七星有助于找到位于正北方的北极星，从北斗星的勺柄到北极星正标示着从南到北的方向。在南半球，南十字座大致指向南方。

7. 根据积雪识别方向

如果是在冬天，由于日照的原因，积雪难以融化的部分总是朝向北面。

（二）扭伤抽筋及骨折

在自助旅游中，经常会发生脚扭伤、抽筋甚至骨折，遇到这种情况，可按以下方法处置。

1. 脚扭伤的处理

途中发生急性扭伤时，应马上停止行走，待疼痛和关节活动受限减轻后再走动。

（1）分清伤势的轻重

如果脚扭伤后能持重站立，勉强走路，说明扭伤为轻度，可自己处置；如果脚扭伤后足踝活动时有剧痛，不能持重站立或挪步，按着疼的地方在骨头上，并逐渐肿起来，说明可能扭伤到骨头，应去医院摄片诊治，防止骨折。

（2）正确使用热敷和冷敷

扭伤初期，破裂的小血管在流血，此时切忌局部按摩或热敷，这会加重局部瘀血，不利于恢复。应先冷敷，使血管收缩凝血，控制伤势发展。冷敷 20 ～ 30 分钟，待止血后再使用活血化瘀药和按摩治疗，便能达到消肿和止痛的作用。24 小时后，破裂血管流血停止，这时可用热敷，促使扭伤处周围的瘀血消散。

（3）正确按揉扭伤局部

扭伤初期，以在血肿处做持续的按揉为好；24 小时后的揉法，以肿处为中心，向周围各个方向擦揉。2 天后可自我按摩踝关节周围穴位及压痛点，加速好转，手法宜轻柔缓和。用拇指用力点悬钟穴 1 分钟（解溪穴、昆仑穴、阳陵泉穴也可），感到酸胀沉重，一般患者会感到疼痛减轻；然后由上到下轻推、轻揉患处；再用拇指从瘀血处中线开始，由下而上地推挤，以起到消肿的作用；揉踝关节并小幅度活动踝关节；最后用活血化瘀的药物敷于患处，用绷带包扎固定，减少活动。

（4）适当进行活动

在扭伤初期，肿胀和疼痛逐渐加重，应停止活动，抬高患肢。待病情趋于稳定后，只要不是很痛，可逐步加大足踝部的活动。

（5）合理用药

扭伤初期，不需内服药，不宜外敷活血的药物，以免血流更多、肿胀更大，必要时用点“好得快”喷洒伤处，会感到舒服点。24 小时后，内服些云南白药、跌打丸、活血止痛散，再外敷五虎丹，消肿后就不必内服和外敷药物了。

2. 腿肚抽筋

（1）拉引按摩

当抽筋时，拉引患处肌肉，并轻轻按摩；如果发生小腿抽筋，应立即掰脚背，一般持续 1 ～ 2 分钟，就可有效缓解小腿抽筋。

（2）点按承山穴

如果抽筋时周围没有家人或朋友帮助，自己将拇指翘立，点按承山穴，尽量用力，直至肌肉痉挛缓解。承山穴在小腿背侧正中线上，伸小腿或上提足跟时，可以看到在小腿背侧中间肌肉即腓肠肌收缩时会形成一个人字形的分叉，承山穴就在这个人字形沟的顶点处。

（3）补充水分及盐分

及时补充水分及盐分，休息直到患处感觉舒适为止。

（三）晕厥

在自助游时，如有同伴出现晕厥，应按以下步骤处置。

1. 平卧、畅通气道

同行的游客突然晕倒时千万不可随意搬动，应就地取平卧位，头偏向一侧，这样利于呕吐物吐出，防止窒息。

2. 轻拍患者、刺激人中穴

放松裤腰带和领扣，观察其脉搏和呼吸变化。如发现心跳、呼吸正常，可轻拍患者并大声呼唤使其清醒，也可用大拇指刺激人中穴使其苏醒。

3. 心肺复苏

如出现呼吸停止或者心脏骤停，应使患者头部偏向一侧并稍放低，取后仰头姿势，然后应立即采取口对口人工呼吸和胸外心脏按压的方法进行急救。现在一般导游或者旅游点的服务人员已经基本掌握，可以迅速联系他们。

（四）漂流事故应对

如果在漂流过程中头盔被水冲走了，在急流中船又翻了，身上只有一件救生衣，附近没有人看见你，那么该怎么自救？

1. 坠落、落水应对

遇到转弯、障碍物，流速较大无法避免时，应抓紧漂流艇内侧的扶手，尽量保持身体平衡。如判断要翻船时，试着跳开以避免撞到障碍物上或落水。

如果不小心落水，不要惊慌，救生衣足以将人托浮在水面上，艇上的同伴应当伸出划桨让落水者攀抓。若落水者离艇较远时，要想办法上岸或停留在石头背水面（迎水面水流强且容易被橡皮艇撞到）等待救援。

一旦落水，保持闭气不吸水，合理利用救生设备，不得分离，身体（头部）尽量往上抬。注意观看河道地貌，有可抓物品（暴露岩石、树木等）要及时攀附。有人来救时，要听从救助者指挥，只要对方给一点接触部位即可，不要死拉硬扯紧紧抱住对方，使救助者失去救助能力。

2. 溺水

首先清除溺水者口鼻内淤泥、痰涕，然后急救人员单腿屈膝，将溺水者俯卧于救护者的大腿上，借体位使溺水者体内的水由气管、口腔中排出。如果溺水者心脏停止跳动，应立即进行人工呼吸，同时进行胸外心脏按压。

3. 漂流船搁浅

漂流船搁浅时可用桨抵住石头，用力使艇身离开搁浅处。若此招不灵，就要派员下水，从旁侧或拉或推让艇身重入水流。

4. 翻船

翻船多发在水流湍急的区域，翻船后应保持镇定，先将艇身扶正；重新登艇时注意两侧受力均衡，一侧人员爬上艇时另一侧要有人压住。掉落的划桨要及时拾回，否则就只能用手划水了。

5. 误入支流

随时观察主流所在方向。事先研究漂流路线，若有显示支流则应特别注意。随时对照现地与漂流线路是否吻合，发现误入支流，应设法回到主流，以避免偏离预定路程。

6. 失温

选择保温性能好、不易挂水的衣服，带保温瓶或糖果、干粮，随时补充热量。长时间休息可用毛巾将衣服、身体稍微擦干。熬姜汤饮服。

第六章

自驾游安全防范与应对

自驾游简单地说就是自己驾驶汽车出游。2006 年首届中国自驾游高峰论坛对自驾游进行了定义：自驾游是有组织、有计划，以自驾车为主要交通手段的旅游形式。自驾游作为一种新兴的特色旅游形式，主要是指游客以汽车为主要交通工具，自己驾驶为主要手段，借助旅游目的地所拥有的特殊人文自然环境和相关设施所进行的一系列吃、住、游、购、娱行为，是一种集健康、休闲、娱乐于一体的，充满个性化的旅游活动。随着我国经济的快速发展，人们的生活水平也逐渐提高，私家车的数量大量增加，各地交通网络也趋于完善，自驾游越来越受到大家的青睐，但自驾游的风险也在逐年提高，需要游客提高旅游安全意识。

一、事件回放

胡某某、郑某某、郭某某、张某某、汪某某、周某某 6 人是同学关系。2006 年 8 月，6 人提议自驾车辆到四川省遂宁市旅游，并分别邀约了汪某和其子蓝某某以及古某某、杨某、黄某、吕某某、阮某。部分人员另带有小孩，共计 21 人分乘 3 辆车自驾游，并口头约定出游费用由参加自驾游的人员自理，但约定不明确。同月 4 日下午，汪某和其子蓝某某及胡某某等分乘 3 辆汽车从长寿区川维厂出发，胡某某（已取得驾驶执照）驾驶长安小型普通客车。汪某及其子蓝某某、郭某某以及另外 2 个小孩乘坐该车，其余出行人员则分乘另 2 辆车。当天 19 时 30 分许，胡某某驾驶长安客车行至渝邻高速公路（R40 千米＋ 868 米）处时，车辆向左发生侧翻，蓝某某在事故中受伤，后抢救无效死亡。事故发生后，重庆市交通行政执法总队高速公路支队第二大队两次委托国家客车质量监督检验中心对肇事车辆进行了检验，检验结果为右后轮胎嵌入螺钉和铁丝导致车轮缺气，并造成车轮在行驶时操纵稳定性及制动力降低。于是该队做出交通事故认定书认定：胡某某违反了《中华人民共和国道路交通安全法》第 21 条的规定（即驾驶人驾驶机动车上道路行驶前，应当对机动车的安全技术性能进行认真检查，不得驾驶安全设施不全或者机件不符合技术标准等具有安全隐患的机动车）负此交通事故全部责任，该车乘客不负此次交通事故责任。同时查明，陈某是长安小型普通客车所有人，该车由郑某某委托胡某某找陈某借出。

2006 年 11 月 7 日，汪某起诉法院要求驾驶员胡某某和车辆所有人陈某连带赔偿蓝某某死亡赔偿金 231 400 元、丧葬费 9 606 元、医疗费 758.10 元、交通费 297 元、食宿费 240 元、误工费 800 元、精神损害抚慰金 30 000 元，共计 273 101.1 元。

法院立案受理后，根据胡某某、陈某的申请，依法追加郑某某、郭某某、张某某、汪某某、周某某、吉某某、杨某、黄某、吕某某、阮某 10 名自驾游成员及租车介绍人胡某某为本案共同被告，共计 13 个被告。

法院审理认为：因出游人员对此次自驾游的费用约定不明确，根据日常生活习惯，应认定自驾游的费用（包括自驾游车辆发生的费用）由全体出游成员均担。此次自驾游的成行是所有自驾成员形成合意的结果，也应视为所有驾驶成员对自驾游倡议人为准备此次自驾游活动而对外所为民事法律行为的认可。出游前从陈某处借出的长安小型普通客车，借用人应认定为此次自驾游成员中具有民事行为能力的成年人，即原告汪某、被告胡某某、郑某某、郭某某、张某某、汪某某、周某某、古某某、杨某、黄某、吕某某、阮某共 12 人为借用人。上列当事人在借车后成为该车的实际运行支配和运行受益人，应当承担该车辆在运行支配中出现的风险责任。长安小型普通客车在自驾游途中发生道路交通事故致蓝某某死亡，上述被告即为本案的赔偿义务人。对二原告的损失，上述被告应承担各自的赔偿份额并负连带责任。

被告胡某某作为肇事车辆驾驶员，经交通事故认定书认定负此次交通事故全部责任，被告胡某某是侵权行为人。但被告胡某某是自愿无偿为整个自驾游团体提供驾驶服务，且出行前无人对此提出异议，被告胡某某执行的是自驾游团体共同事务，在此过程中发生交通事故的民事法律责任应由自驾游团体成员中具有民事行为能力的成年人（借用人）共同承担。被告胡某某自愿驾驶长安小型普通客车，其行为已赋予其作为驾驶员特定的安全注意义务，由于其出发前未对车辆安全技术性能进行认真检查，驾驶具有安全隐患的车辆行驶是导致此次交通事故发生的直接原因，被告胡某某在此次事故中存在重大过失，其承担的民事赔偿责任应适当多于其他赔偿义务人。

原告汪某作为自驾游成员（借用人）之一，其承担的赔偿份额从损失总额中予以扣除。

被告陈某借出该车后，便失去了对车辆的运行控制，同时没有证据证明陈某在出借车辆时知道或者应当知道出借的车辆存在缺陷，故被告陈某不承担民事赔偿责任。被告胡某某仅作为联系借用被告陈某车辆的介绍人，无证据证明其从中获益，也不应承担民事赔偿责任。

本案因蓝某某死亡产生的赔偿费用共计 242 301.10 元。同时，蓝某某之死给二原告精神造成严重损害，对二原告要求主张 30 000 元精神损害抚慰金的诉讼请求，法院予以支持。

因此，法院判决如下：（1）由被告胡某某赔偿原告蓝某某、汪某 54 460.20 元；（2）被告郑某某、郭某某、张某某、汪某某、周某某、古某某、杨某、黄某、吕某某、阮某 10 名自驾游成员各赔偿原告蓝某某、汪某 20 021.90 元；（3）上列被告对本判决第（1）（2）项原告蓝某某、汪某所获得的赔偿款承担连带赔偿责任；（4）驳回原告蓝某某、汪某对被告陈某、胡某某的诉讼请求；（5）驳回原告蓝某某、汪某的其他诉讼请求。

二、自驾游事故原因

随着我国经济持续高速的发展，越来越多的家庭购买汽车，在“黄金周”自驾车旅游成了当前的时尚。许多单位、汽车销售公司还在假期组织自驾车旅游活动，这些活动深受有车族的欢迎。从休闲度假的角度而言，自驾车旅游的确充满了吸引力，同亲朋好友一起驾车畅游，既可与亲朋好友增进亲情和友谊，又可以切身体味各地的风土人情，而且行程受时间限制较小，可以自由安排旅游路线。然而，从交通安全的角度审视，当前许多自驾车旅游的人员不同程度地存在着影响交通安全的问题。我国近年来每个黄金周都有自驾车旅游人员发生交通事故，有些甚至是重特大交通事故，充满温情和乐趣的旅途突然变成了车毁人亡的悲剧，不能不让人深思。自驾游容易在交通、治安、健康等方面引发安全问题，剖析安全事故原因，主要有以下几方面。

（一）自驾游交通事故频繁

随着居民私家车数量的急剧上升，自驾游越来越多，我国自驾游安全事故中的主要问题就是交通事故。发生交通事故的原因主要有以下几个方面：

1. 车辆自身有问题

车作为自驾游出行的唯一工具，必须要高性能的、没有故障的。有很多人在自驾游之前没有对自己的车辆进行专门的检查、保养，在路上很有可能因车辆零件失控、轮胎爆气而出现交通事故。

2. 驾驶技术不熟练

随着经济社会的发展，汽车由生产工具转变为生活工具，驾驶技术也由生产技能转变为生活技能。驾驶技术虽然普及了，但“驾驶技术必须经过长期的磨炼才能得以掌握”这一客观规律没有改变。驾驶员领取了机动车驾驶证，只能说明其具备了基本的驾驶技术和驾驶机动车的资格，并不表示其熟练掌握了驾驶技术。许多有车族并非职业驾驶员，仅仅是在购车前后申领了驾驶证，而平时只在市内驾驶车辆，长途驾驶的机会并不多，在几日内连续长途驾驶的经历则更少。驾驶汽车的动作很简单，无非就是控制离合器、油门、刹车和方向盘，但在复杂的交通环境中正确地运用并不容易，在这种情况下，许多驾驶员实际上并不能胜任连续长途驾驶汽车这项苦差事。长途驾驶汽车对驾驶员技术的要求远远高于在市区内驾驶的要求。许多自驾者不具备熟练的驾驶技术是自驾车旅游存在的最严重的安全隐患。

3. 不掌握基本的汽车机械常识

由于驾驶技术已经属于生活技能，国家对驾驶员掌握汽车机械常识程度的要求并不高，而且各汽车生产、销售公司的维修服务比较完善，汽车修理行业的网点也比较普遍，造成许多非职业驾驶员不掌握基本的汽车机械常识，汽车出现故障在所难免。如果驾驶员能及时发现并排除，就能够避免由此造成的交通事故。例如，汽车仪表不正常、发动机出现异常声音、排气管排黑烟等，这些现象应该是比较容易被察觉的，如能及时到维修部门检修，就可以消除隐患。然而，不少驾驶员连简单的车辆异常情况都无法察觉，更不用说正确认识。例如曾发生过这样一起交通事故，某人在“黄金周”期间向朋友借了一辆自动挡的汽车出游。在行驶过程中，感觉车速难以提高，且发动机声音较大，但没有在意，仍继续行驶。行至某地，车辆突然熄火，驾驶员在慌乱中将车辆撞到路边的树木，幸运的是没有造成人员伤亡。当车辆被送到修理厂修理时，修理人员发现车辆变速器已损坏，且挡位处于低速挡的位置。经向驾驶员了解，其驾驶车辆过程中一直将挡位置于此处。可以看出许多驾驶员对汽车机械常识掌握的匮乏，降低了自驾车出行的安全系数。

4. 司机疲劳驾驶

作为自驾车旅游的驾驶员，实际上扮演着两个角色，首先是专职驾驶员，其次是游客。多日的长途驾驶对任何人来说都是一件非常辛苦的事情，驾驶员应充分休息，保持充沛的精力，才能保证安全。但许多自驾车的驾驶员没有摆正自身的位置，仅考虑享受旅游的乐趣，没有顾及其应承担的责任，在娱乐时充分参与，却不注意自身的休息，甚至无节制地饮酒。这样导致在驾驶车辆时处在疲劳的状态。例如 2003 年 10 月 1 日在平乐发生的一起死亡 5 人的交通事故，就是自驾车旅游的驾驶员疲劳驾驶造成。疲劳驾驶和酒后驾驶是公路上的两大“杀手”，自驾车旅游的驾驶员是否对自身严格要求，直接影响交通安全。

5. 新手上路隐患多

因驾龄短、驾驶经验不够丰富，面对突发状况，新手们往往在慌乱紧张中操作不当从而引发交通事故。驾驶员在长途驾驶过程中，会遇到不可预见的许多问题，有物质上的，也有精神上的；有能够自行解决的和不能自行解决的问题，有已知的和未知的问题。例如，在加油站较少的地方应注意保证油量，遇到不良路况或不良天气应谨慎驾驶等。这一系列问题都是缺乏经验的驾驶员事先难以认识到的，而经验是在长期的磨炼中形成的，非一朝一夕能够具备。总之，缺乏其中某一项经验将降低一分安全保障。

6. 出行准备不足

准备不足是自驾车旅游的一个常见现象，对于许多自驾车游客而言，准备工作仅仅着眼于休闲和娱乐，如旅游经费、旅游路线、生活和娱乐设备等，但在安全方面却欠考虑。例如，一些自驾游客没有配备副驾驶员、备用轮胎、修理工具等必备的人员和设备，没有对有可能出现的车辆故障、驾驶员生病等情况做好准备，一旦出现问题和困难，或束手无策，或冒险前进，这些现象都增加了不安全因素。

7. 自然条件的影响

在自驾游的过程中很可能会出现暴雨、降雪、大雾等情况，导致司机视野模糊，看不清前方路况。还有可能会遇到一些自然灾害比如滑坡、泥石流等，阻碍车辆的正常通行，若司机应对不好就有可能发生交通事故。

（二）文化差异引冲突

在自驾游过程中，特别是在少数民族地区比如西藏、青海等地方，会出现游客对当地风俗文化不了解，或缺乏专业的导游而与当地人民发生冲突引发安全事故。

（三）治安较差受侵害

随着旅游业的飞速发展，很多地方逐渐形成了旅游胜地，自驾游者蜂拥而至。但是若相应的治安管理没跟上，就会出现自驾游者被劫财劫色、绑架、敲诈勒索等事件，这都对自驾游者构成了严重的安全威胁。

（四）健康安全原因

健康方面的安全问题也是客观存在的。因为自驾游的大量时间都在路上，由于每个自驾游者的身体状况不同，有的可能会由于舟车劳顿，导致疲乏、抵抗力下降、感染疾病，或是吃了一些不卫生的饮食导致肠胃不适甚至食物中毒。另外，旅游途中身体刮擦受伤、被蚊虫叮咬等情况，也会导致一些健康安全问题。

三、自驾游安全防范

针对自驾旅游中的安全问题，自驾游者应从以下几个方面做好安全防范。

（一）自驾游前准备要充分

在出行前，游客可以通过网络查阅、旅行社咨询和向有自驾游经验的游客咨询一些有关自驾游出行的安全知识，提前做好充足的准备。

1. 检查车况

长途旅游前，对旅游车辆的安全检查必不可少，不能忽视任何一点毛病。因为任何一点小问题都有可能造成不可弥补的损失。如果车辆存在故障，哪怕问题很小，也要彻底修复，绝不能驾驶“带病”的车辆上路。

要重点检查轮胎（包括备胎）老化及损伤程度，判断其是否可以完成你的行程。检查制动系统，主要检查制动效果、制动液是否有渗漏、是否缺少。检查电瓶、机油、冷却液、转向助力油是否正常。如果车刚进行完维修或保养，不要马上驾车出游。如果正好皮带到了保养手册要求的更换时间了，在出行前最好换条新的。

确定车辆无故障后还要结合路况的选择预计途中可能发生的车辆故障，并做好相应准备，如装好备用轮胎，带齐车辆常用维护工具等。

2. 线路规划要合理

许多游客往往是临时决定去某地旅游，在驾车前没有考虑路况和沿途休息、吃饭、住宿等情况，结果得不到合理的食宿安排。所以，临行前一定要选好路线，并对沿途的休息、住宿做好规划，合理安排行程。同时对目的地的风土人情、主要游览景点、各景点的特色、景区周围的住宿、餐饮和停车场都要有一个详细的了解，做到心中有数。有条件的话，还可以通过互联网论坛与有过目的地旅游经验的网友交流，分享经验、规避风险。

选择好出游路线后，通过高速公路信息情报板、广播、电视、网站等媒体，关注出行信息，合理选择出行时间；制订一份完备的出游路线，对每天的食宿安排、行驶里程等做好计划。特别是在起雾的季节，更应提前询问路况，掌握准确情况，避免遇到高速公路封闭，道路行驶困难等情况，给自己增添不必要的麻烦。

3. 景点选择要谨慎

最好选择正式开放的景区景点，不要因猎奇而野游，因为这些地方的道路交通和旅游设施还不具备安全条件和保障，风险较大。

4. 密切关注天气

驾车外出，受天气状况影响很大。遇上大风、大雨等天气，最好不出行，即使出行也要缓慢行驶。

（二）携带必备物品

出门在外，汽车难免有个万一，备足“不时之需”。

1. 三证一卡

除了带足钞票外，别忘了带驾驶证、行驶证、身份证、保险卡，如果是长途旅游，三证是缺一不可的，还要注意以上证件是否都已审验了。此外有些地方查车时要查车船使用税和车辆购置税证，有备无患。

2. 随车工具

（1）千斤顶、轮胎扳手、一字和十字改锥、手钳、至少一把死扳手（根据自己车的情况配）、一把活动扳手、一个工作灯（手电筒也行）。

（2）车辆备件类，如全套随车工具、备用轮胎、一根 5 米的拉力不低于 1 500 公斤的牵引绳、备用油桶、水桶、工兵铲等。

（3）如果旅途比较漫长或到人烟稀少的地方，有条件的话不妨准备个好一点的启动电源、电动充气泵（选择可以长时间连续工作的）、一把补胎锥和几根补胎塞条（使用极为方便、简单）、一个备用油桶、一副 40 安的电源搭线。

3. 行车必备用品

地图和 GPS 导航仪是自驾车旅游不可少的东西。地图的出版更新速度永远赶不上道路的建设，所以除了要准备一本比较全的行政地区图及高速公路地图外，在所到的地方尽量能带上一台 GPS 导航仪。

4. 驾车旅游中的生活用品

（1）衣物：俗话说出门在外，饱带干粮，热带衣。冷暖无常，所以必备的衣物是不可少的，除了随身用于换洗的衣物外，根据季节的不同，要适当带一些防寒、防风、防雨的衣物。其中的风雨衣是驾车出游必备的衣物。

（2）应急药箱：创可贴、云南白药、绷带、医用胶布、体温计、退烧药、止腹泻药、止痛药、风油精或清凉油。如果去的地方常有毒虫出没，那么最好还是备一些蛇药。

（3）针线包：大小号的缝衣针各准备一两根，线要结实，稍粗一些。针除了缝东西外，也会有其他的用处，比如说挑扎到肉里的刺。

（4）电源：随车带一个12伏变220伏的电源逆变器，一般选功率300瓦左右的即可，可以为手机、DV、电脑等有220伏电压要求的用电器提供即时供电和充电，而不会损坏这些设备。

5. 安全装备

安全装备主要有：

（1）灭火器。

（2）停车警示牌或警示灯。

（3）防身用品。

（4）应急类物品如多功能手表、指南针、移动电话、组合刀具、对讲机。

（三）行车途中重安全

“私家车”进入家庭的时间不长，广大群众对汽车的认知还不全面，许多人仅仅从方便、时尚、高效及驾驶乐趣的角度认识汽车。对于汽车这种高速运输工具存在的危险性并没有深刻的认识，因此，每个人都应该自觉学习和遵守道路交通的法律、法规，共同关爱生命，保证自驾车的旅途安全。

1. 驾驶员必须具备长途驾驶的能力

对于准备自驾车旅游的人员，驾驶员首先应客观地评价自身的驾驶技术，能够胜任的才准备实施计划，如果旅游的路线较长，还应该配备副驾驶员。如果不能胜任，则应另寻驾驶员或者放弃自驾车的计划，采取其他的出行方式。不能仅仅图方便刺激而不顾安全。参加自驾车旅游的人员如果认为所乘车辆的驾驶员不具备长途驾驶的能力，应对其进行劝阻或者放弃出游的计划，不能因碍于面子而乘坐不安全的车辆。不建议新手租车自驾游，刚学会开车的“本本族”，对车不熟悉容易出事。

2. 遵守交通规则

驾驶员要摆正自身的位置，树立“安全第一”的观念，认识到自己首先是驾驶员，其次才是游客。要以保证交通安全为己任，自觉遵守交通法规，严禁酒后驾车和疲劳驾驶，限制安全车速，注意各种路标、路牌、警示牌等标志，切勿随意变换车道、超速、在车内嬉笑打闹。养成良好的行车习惯，树立严格的法律意识，确保行车安全。

3. 行车忌超速

自驾旅游会遇到各种路况，外出旅游行驶在空旷平直的大道上，人由于兴奋很容易发生超速从而导致危险。在高速路上行驶时，最忌讳超速驾驶，高速驾车需要驾驶员注意力高度集中，极易产生疲劳感，加上高速公路上景色单一，时间长了，驾驶员容易注意力分散，应急能力也随之下降。一旦出现突发事件，很难应付。越是平顺的大道，越有可能发生意想不到的事故。

4. 杜绝疲劳驾驶

疲劳驾驶是开车的一大禁忌。不要长时间驾驶是老生常谈的问题，尽管如此，不少交通事故却都是因为疲劳驾驶引起的。长途驾驶、疲于应付陌生的路况等，都会使司机身心疲惫，一旦出现微小差错就有可能造成交通事故。

（1）尽量避免赶夜路，姑且不论发生拦抢的危险，夜间驾车的疲劳也容易发生车祸。

（2）同行中至少有两人会开车，每人轮流驾驶 2 小时，保持体力和最佳行驶状态才是安全驾驶的上上策。如果实在没人替换，不妨在感觉累时靠边停车，下车伸个懒腰、散散步，哪怕在车里打个盹，待缓过疲劳劲后再抖擞精神重新上路。

（3）每开 2 ～ 3 小时，最好停车休息一下，既可以避免疲劳驾驶危险，又能防止长时间驾驶对身体健康造成伤害；另外，也有利于缓解长途驾驶对车辆的疲劳损伤。

（4）长途开车，最好选一个懂得车辆基本修理技术的人同行；同时，如果有条件，最好 2 辆以上的车同行，可以彼此照应。

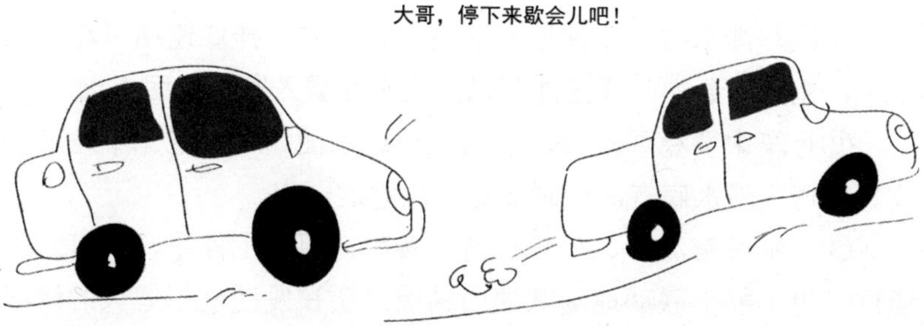

5. 驾驶技巧

尽量选在白天行车，不开夜车，尤其是在不熟悉路况的陌生环境，应根据天气、路况，谨慎驾驶。

（1）雨天安全行车

下雨时一定要注意路滑，路面聚积雨水过多时，不要加大油门冲水，以免影响制动和电气件进水，应低挡稳速行驶。雨天安全行车注意六大要素：

①保持良好的视野。

②防止车轮侧滑。

③低速挡缓慢行驶。

④防止涉水陷车。

⑤不宜加速超车。

⑥防止行车中撞人。

（2）冬季驾车

冬天里的落地雪是造成车祸最多的时候。雪地平路要连续点刹，下坡路要用低挡，上坡路最好不要停，以防不能起步。正常行驶可以适当拖挡（低速高挡），增加前进阻力。后轮左右甩时要向甩动方向打方向盘。

（3）涉水行车

①汽车涉水时，要保证发动机运转正常，挂低速挡平稳开进水中，避免大轰油门或猛冲，以防止水花溅入发动机而熄火。

②行车中要稳住油门，一气儿通过水面，尽量避免中途换挡或急转弯，遇水底有泥沙时，更要注意这一点。

③如水底有流沙、车轮打滑空转时，要马上停车，不可勉强通过，更不能半联动地猛踩油门踏板。要在发动机不熄火的情况下，组织人将车推出去，避免越陷越深。

④行驶中要尽量注视远处固定目标，双手握住方向盘向前直行，切不可注视水流或浪花，以免晃乱视线产生错觉，使车辆偏离正常路线。

⑤多车涉水时，要等前车到达对岸后，后车再下水，以防止前车因故障停车，迫使后车也停在水中进退两难。

⑥通过经洪水冲击后情况不明的漫水路面或桥面时，要先查

明是否形成塌陷、缺口，否则极易造成翻车。

（4）借道超车

在野外、国道、公路上开车与在市区道路开车有一定区别。有些道路没有中间隔离带，行车时，要注意对面开来的车，减速前行注意避让。在双车道的公路上，常常需要借道超车，这时需要特别注意。在事故多发路段以及转弯、上下坡路段，最好不要超车。驾车要匀速行驶，冬季行车切忌忽快忽慢，要尽量让车辆匀速行驶，尤其是在冰雪路面更要注意不能速度过快，避免造成车辆追尾等事故。

（5）远离大货车

在自驾游时经常会遇到拉着满车石头、钢筋的大货车，驾车时一定要避开这些大个子，尤其不能尾随其后。一来大货车车厢容易阻挡后车驾驶员视野，二来一旦前车出现事故，后车躲避不及，只能无辜被殃及。

（四）“有去有回”更重要

经过了几天的游玩，回程时更显疲惫，而且出游的兴奋劲已过，车内人也不会在你耳边叽叽喳喳，没准已经倒在车内呼呼大睡了。这时是出交通事故的高危时段，驾驶员一定要在回程前保障充足的睡眠，这样才有精神应付长途驾车。更重要的是，一定别忘了系安全带，哪怕你的车有最保险的安全气囊。不到目的地，就一直得绷着“安全”这根弦。即使归家心切也别急躁，平安回家最重要。

温馨提示

（1）每天在开车前都要检查车况，轮胎、水箱、机油、电瓶和制动液，不够的加满，漏油漏液的及时补救，以免行车到前不着村、后不着店时出故障，让人措手不及。

（2）尽量选在白天行车，不开夜车，尤其是在不熟悉路况的陌生环境。如果是不得已在夜间行车，会车时要连续变换远近光灯，提醒对方注意，对方有可能在打瞌睡。若对方一直不关远光灯，可能会影响自己视线，一定要提前减速避免发生事故。

（3）白天在山路弯道行驶，一定要行驶在自己的车道（看不见对面的情况），高速下坡转弯时，一定要提前减速。

（4）平路上行驶时，遇到雨雪天气，需要刹车时要连续点刹，下坡路要用低挡，上坡路最好不要停，以防不能起步。

（5）连续下坡的话，会引起刹车片过热导致制动不灵，应停车等待刹车片自然冷却，千万不要用水冷却。

（6）若以车队出行，行驶途中应保持联络。

（7）停车时一定要注意安全。野外临时停车不要停在转弯处，在有停车场的地方一定要把车停在停车场，不要在路边乱停放，如果中途需要停车又没有停车场，最好留人在车上看管财物。

四、自驾游安全应对

在旅游过程中，遇到计划以外的情况是常见的，如不良天气、疾病、车辆故障、丢失物品等，这些情况如果处理不好，既会影响人的情绪，也会影响安全。因此，遇到突发事件，不能盲目冒进，一定要冷静考虑，慎重处置，排除影响安全的隐患后方能继续前进。驾驶员特别要保持稳定的情绪不受影响。

（一）迷路

计划没有变化快，也许你设计好的线路正在封闭维修，也许地图上标注的路段已经改道，即使是最先进的全球导航仪也有不灵的时候。这时你要做的是下车问路，问路选择也有技巧，养路工、警察、当地司机对路线最了解，先找他们询问，最好多问几人，以求最准确的信息。宁可边走边问，也别等开出几公里发现路不对再返回。

（二）自驾游交通事故应对

在自驾游过程中难免会发生交通事故，人生地不熟，是“私了”还是报警，我们该如何处理呢？

1．“私了”

外地出行，高速公路出现事故。在没有人员伤亡的情况下，尽量协商私了并走交通事故快速处理流程。因为在高速公路上处理事故拖车、异地处理、异地修车等会非常麻烦。整个下来，估计你的旅程就“泡汤”了。

在没有人员伤亡、损失不大的情况下，不管外地车主是无责方还是全责方，经验人士建议大家“私了”。但在“私了”之前，车主需先拍照保留证据，然后再把车挪到路边讲价。

如果是与非机动车发生事故，那无论是你的责任还是对方责任，只要对方的要求不过分，建议“私了”。因为现在的法律优先保护非机动车，如果坚持报警，那么接下来的扣车、扣证、事故勘察等程序会非常麻烦。当然，如果事故较为严重，或者对方“狮子大开口”了，还是必须报警的。另外，要是遇到“碰瓷”的，那就赶紧拍下所有证据，寻找周围的目击者，并及时报警。

但“私了”的前提就是双方对责任的划分都认同的情况下共同达成赔偿协议，如果双方对交通事故事实成因存在争议，对事故的责任又不能划分的情况下，只能报警。这种情况不能私自将车驶离现场，以免造成无法对事故成因做出判断，导致责任无法划分。

2. 快处快赔

如果事故是没有人员伤亡、车损也不大的小剐蹭，只要事故双方都没有异议，不需要报警，可以根据《机动车交通事故快速处理办法》的规定自行协商处理。

（1）快处快赔条件

一般能够快速处理的事故必须具备下列条件：

①没有人员伤亡且财产损失不超过 2 000 元。

②事故当事人对事故责任无争议。

③事故当事人都有为车辆买保险。

④事故当事人都愿意到同一地点商定。

⑤事故车可以开。

（2）快处快赔流程

①发生小事故后，应该第一时间打开车辆的危险警告灯并在车后设置危险警告标识，防止后车追撞，保障车内乘客以及车辆的安全。

②设立好警示标识之后就要初步确定事故双方的责任。如果双方能够协商一致，确定各自的责任，那么就可以进行下一步的快速处理流程了。

③接下来就是拍照取证了。照片要求一张可以说明事故发生地点的全景照片以及若干张车辆发生接触部分的特写照片，有一张能说明事故现场情况的照片（包括马路上的刹车印、道路标识等），最好把当事司机与车辆的合影也拍摄下来。这不仅是为了向保险公司提供事故证据，也可以避免对方车主在挪车之后“耍赖”。此时也可以打电话给保险公司，等待保险人员到现场拍照取证，通常需要一定时间。而对于一些小事故，保险公司有时也不到场，只到事故处理中心。

④拍完照后，检查对方驾照及车辆手续，车辆手续包括车牌、年检、行驶本及交强险等。在核对完上述信息后才可以移动车辆，把车挪到不阻碍交通的地方，并继续打开双闪、设置安全警告标识。

⑤在完成以上的步骤之后，双方就可以各自给投保的保险公司打电话，告知事故发生的时间、地点以及损失情况。而保险公

司在受理之后，会回复车主一个报案号，之后就可以填写《交通事故快速处理协议书》了。

⑥事故双方到指定的交通事故快速处理中心定损，在那里会有交警来确定事故责任归属。定损之后，按双方各自应承担的责任，预交维修费用。

3. 报案

如果有人员受伤，或者有重大经济损失，抑或双方对事故责任判定有争议，异地车主在出了事故之后，要如何保障自己的权益？

（1）保留现场，立即报案

一般来说，汽车使用过程中发生事故大部分都能够得到保险赔偿，但也有一些例外，而这些例外大部分还是车主不清楚保险索赔知识造成的，真正不属于保险责任的事故非常少，常见的譬如离开现场等。而异地出险时，很多车主因为时间等关系，离开了现场导致不能索赔，所以第一要做的是一定不能移动车辆，并马上向保险公司报案。

①如果是单方事故，只是自己的车辆损坏，那么保险公司会委托当地的分支机构到现场去查勘。如果承保的保险公司在当地没有分支机构，那么承保公司会委托当地的合作公估机构，如果连公估机构也没有，那么会要求报交警或车主自己拍照片，按照保险公司客服人员的提示进行操作就可以。

②如果是多方事故，造成了其他的物体损坏或者人员伤亡，报交警处理，注意一定要取得《事故认定书》。

（2）收集单证，申请索赔

现在保险公司一般都还不能够实现通保通赔，所以还是要把索赔单证带回到投保所在地的公司去交索赔资料。那么在事故处理过程中，一定要根据事故的情况收集齐全该要的索赔单证，否则到时还得回到异地去补，那可麻烦了。

财产损失中最重要的就是修理厂的《维修发票》和交警的《事故认定书》，注意是维修行业发票，而且要盖了“发票专用章”。另外，如果可以的话，最好找当地的分支机构（或公估机构）把《定损报告》带回来，等保险公司内部快递很有可能延误或者丢失。

人员伤亡的单证包括《医疗发票》《医疗费用详细清单》《诊断证明》《伤残证明》《死亡证明》等，具体可以咨询保险公司的客服人员。

4. 修理

有些车主在异地出了事故之后，也许来不及回当地处理，又想尽快将车子维修好，那是不是可以直接将车子拖到当地的维修厂呢？如果不行，那车主需要做哪些处理呢？

（1）对方全责

如果是多方事故，而且交警判定是对方的事故责任。那么最好到当地的4S店进行事故维修，并要求对方一起到维修厂支付修理费，将维修发票交给对方就好了，自己则开车走人。

（2）双方责任

如果是多方事故，而且交警判定双方都有事故责任。那么最好还是在当地的4S店进行事故维修，避免来回折腾、跑交警、支付修理费、取修理发票等。

（3）本方全责

如果是多方事故，而且交警判定本方应负全部责任。那么在车辆受损不影响驾驶的情况下，可以将自己的车开回本地维修，对方车辆就在当地维修。对方车维修之前应通知保险公司定损，并按照定损价格支付对方修理费，这时可以要求对方修理厂先给你开出修理发票来，不用等他修好车。如果车辆受损严重，影响驾驶，还是在当地修理。

（4）单方事故

单方事故一般都属于车主的事故责任。车辆受损严重，如果当地的维修水平高，在当地维修也可以，如果不行，那就只好拖回到本地来维修；一般受损不严重的话，那肯定是开回来修就可以了。

（三）遭遇“碰瓷党”，坚持报警

自驾游途中遇到“碰瓷党”这种情况，千万不能因为害怕要负事故责任而和对方“私了”，要及时报警，让交警来处理。

在异地发生交通事故，如果车主认为只是轻微剐蹭，而对方的车或人却“伤痕累累”，并且一开始对方很主动地提出“私了”，甚至在协商过程中，还有一些好心人凑过来帮忙压价。那么车主就要考虑是否遇到“碰瓷党”了。

退一步来说，假如行人并非“碰瓷党”，但伤情较为复杂，那么后续医疗费、住院费、误工费等都需要一大笔费用，车主也应该同时报“120”、交警与保险公司，保险公司有专业处理人伤事故的医生以及法律顾问，整个理赔过程可能会比“私了”更加简单。而在意外发生时尽量保留证据，有条件的话可先行拍照保存证据，车上最好安装行车记录仪。尽量不移动车辆、破坏现场，尤其要保留刹车痕，这是判断车主采取避险措施的有力证据。

第七章

旅游住宿消防安全防范与应对

住宿是旅游活动六大环节中重要的一环，也是不可或缺的部分。旅游过程中存在由于游客缺乏消防安全意识，在住宿时引发火灾，造成人员伤亡和财产损失。特别是有些人到一个陌生的环境后，由于极不适应，当发生火灾后无法有效应对，从而给自身造成了极大的危害，所以旅游住宿时要注意消防安全。

一、事件回放

8 月正值旅游旺季，由风情国际旅行社地接的风景旅行社南通分公司旅游团约 190 位游客，被集体安排在某市延安三路的连锁宾馆住宿。

这家连锁宾馆是当地一家老牌的连锁快捷酒店，建于 20 世纪 90 年代初。8 月 16 日，宾馆内入住了 290 多名游客，房间爆满。风景旅行社南通分公司旅游团的导游牛某和司机戴某某，被安排住在了地下室。晚上，旅途劳顿让不少游客迅速进入梦乡。突然，一楼吧台附近燃起明火，阵阵浓烟不断涌出，并在整个一楼大堂内逐渐蔓延开来。

据了解，起火宾馆的一楼，有个 200 多平方米的大厅，当时厅内全是浓烟，让人根本无法辨认方向。当地消防部门接到报警后出动 7 辆消防车赶赴现场救援。

据安全撤离宾馆的旅客称，晚上 10 点多，他们闻到了烟味，打开窗户，发现已经有警车和消防车停在宾馆楼下。于是，楼上的客人都从宾馆北侧的消防疏散通道撤到楼下，到了安全地带后，大家才发现宾馆一楼大厅内已是浓烟滚滚。

大火被扑灭后，经统计，火灾共造成 2 人死亡、4 人受伤。2 名死者为导游牛某和司机戴某某；4 名伤者为同团的 1 名导游和 3 名司机，其中 1 名司机被严重烧伤。

二、宾馆酒店火灾事故原因

出门在外，千万不要把旅途中的驿站——住宿的安全放在脑后。据统计，全世界每年发生在宾馆内，一次性造成50人以上死亡的大火近400起，死亡30 000多人。造成旅客大量死亡的原因主要有：

（一）旅途劳累，发现起火晚

大多数酒店发生的火灾是在夜间，此时酒店工作人员很少，游客们经过白天的车马劳顿、尽兴游玩之后，很快就进入了梦乡。火灾苗头往往不易被发现，当人们发现火情，被烟火呛醒时，火灾已具有一定的规模，烟火已封堵了逃生通道，给扑救工作造成很大困难。

（二）吸烟引发火灾

很多酒店的火灾是由于吸烟不注意引起的，因吸烟不慎而引起火灾有两种情况：一种是旅客躺在床上吸烟，特别是在酒后吸烟，睡着后引燃被褥酿成火灾。如1985年4月19日哈尔滨天鹅宾馆发生的特大火灾，这场大火造成10名中外宾客死亡、7人重伤，直接经济损失25万元人民币。这场大火是因肇事者美国客人理查德·斯·安德里克酒后躺在床上吸烟入睡，不慎将燃着的烟头掉在床上而引起的。再如1992年3月30日山东德州的美丽华大酒店的特大火灾，当晚由于客人刘春辉边看电视边吸烟，睡着后烟头掉在被褥上引起大火，造成13人死亡。吸烟造成火灾的第二种情况是吸游烟，即边走路边吸烟，乱扔烟头和火柴梗所致。如泰国曼谷第一大酒店发生的特大火灾，就是因为客人乱扔烟头所致。

（三）使用电器不当引发火灾

旅客消防安全意识不强，乱拉电线、随意用火等也是造成火灾的常见原因。

有的旅客违规使用大功率电器设备，如在客房内使用大功率电器设备、在客房内做饭、用电炉烤火等。有的旅客使用电热器具不当引发火灾、有的旅客在照明灯具上烘烤衣物，温度过高烤着可燃物引发火灾；有的旅客将充电设备长时间插在插座上充电引起火灾。

（四）旅客不熟悉环境，缺乏逃生自救常识

在旅游过程中，旅客到了一个陌生的地方，入住一个宾馆酒店，对其环境不熟悉，入住时大都乘坐电梯到达房间，不留意疏散楼梯和安全出口，一旦发生火灾，辨不清方向，不知所措。而且大多数游客对在大火中逃生的知识一无所知，不知道如何逃生自救，造成旅客人身伤亡。

三、住宿消防安全防范

宾馆酒店往往集休闲、娱乐、住宿、餐饮于一体，功能复杂，可燃装修多，不同程度地存在消防安全隐患。为此，在入住宾馆时，一定要牢记安全第一、关爱生命。

（一）宾馆酒店的选择

要选择合法经营、有注册许可的旅店，不可贪图便宜选择偏僻或卫生、消防、治安等存在问题的旅店。

宾馆酒店属于公众聚集场所，按照我国相关法律法规的规定，

宾馆饭店在开业前必须经过开业前消防安全检查，符合消防安全条件才可营业，并且在前台明显部位悬挂营业执照、消防安全检查意见书等。在选择宾馆饭店时，应留意查看，是否有消防安全许可证书。

（二）熟悉疏散路线

1. 浏览住宿指南或客房电话簿

当入住宾馆、酒店后，第一件事是先浏览住宿指南或客房电话簿。住宿指南上通常印有常用的电话号码和宾馆、酒店内部的应急电话号码，熟悉这些号码绝非多余，万一发生火灾或其他紧急情况，只要通过电话就能实现与消防控制室或总台的通话，不至于束手无策。

2. 熟悉安全出口位置

熟悉所处环境，是在火灾紧急情况下安全逃生的首要条件。

旅客在入住酒店时，应留心看一看贴在房门后的应急疏散示意图，了解所住的房间在酒店的位置和疏散路线，留意太平门、楼梯、安全出口的位置，以及灭火器、消火栓、报警器的位置，以便临警时能及时逃出险区或将初期火灾及时扑灭，并在被围困的情况下及时向外面报警求救。为了安全起见，最好亲自到安全出口看一看，掌握好疏散距离和时间，便于一旦遇到火灾事故时，能在最短的时间内，准确无误地疏散到安全出口。

（三）了解周围消防设施

入住宾馆、酒店后，必须留心一下客房内外灭火疏散设施的设置情况。

1. 灭火设施

宾馆内部往往配有相应的灭火器、室内消火栓、自动灭火和报警设施以及逃生器材。旅客应认真阅读宾馆提供的相关信息，对消防设施状况做到心中有数，尤其要全面了解客房附近走道可使用的消防设施。室内消火栓是宾馆、酒店的重要设施，掌握它的使用方法，可在火灾初发时及时扑灭火源。

2. 看懂安全通道示意图

只要你稍留心一下便会发现，在住店房间的门背后，都贴有一张印有本楼层平面图的图纸，即所谓的逃生路线图。在这张图纸上，对本房间的位置和房号都清晰地做出标志，同时有一个箭头（通常是红色）自房间的位置沿走廊指向最近的疏散部位。逃生路线图是客房设计中必备的，它虽不起眼，但在发生火灾等意外事件的时候，熟悉它的人会比较容易找到逃生线路。因为危急关头，人们往往冷静不下来，如根本没有看过图，就很难找到逃生线路。

3. 熟悉应急疏散指示牌

应急疏散指示牌是镶嵌在墙壁上的画着人奔跑图案的绿色长方形指示牌。在夜间或照明电源被切断的情况下，这些应急照明的绿牌子会显得异常明亮，能够在关键时刻引导人们以最便捷的路线找到出口。通常，在公共场所的门上方，都有一块这样的显示牌，它表明应从这里出去；而在走廊里，这样的显示牌又设置在墙的下方。这是因为发生火灾时，为了防止有毒气体和烟雾的侵袭，要求人们应该俯身或匍匐前进逃离现场，指示牌位于距地面 1 米以下的地方便于人们看到。

（四）严格遵守住宿安全规定

（1）严禁将易燃易爆物品带入宾馆，如有此类物品应交给总台或安全保卫部门。

（2）在客房内严禁使用明火和大功率电器设备。

（3）杜绝卧床吸烟等不安全行为。

（4）离开房间时一定要切断电源。

四、住宿消防安全应对

火灾的发生和发展有时是难以预测的，特别是在人员较为集中的宾馆酒店和夜间发生火灾，往往有人被烟火围困，生命受到严重威胁。遇到这种情况，被困人员应沉着冷静，选择有利的时机、路线和方法逃出险境。如果惊慌失措，或慌不择路，盲目冒险，就可能酿成严重后果。

（一）报警

火灾危害民众安全，破坏自然，毁坏财物。发现起火，及时报警，可以最大限度地减少财产损失和避免人员伤亡。因此，《中华人民共和国消防法》第 44 条规定："任何人发现火灾都应当立即报警。任何单位和个人都应当无偿为报警提供便利，不得阻拦报警。严禁谎报火警。"

1. 报告火警的对象

（1）向公安消防队报警。

（2）向单位专职、义务消防队报警。

（3）向火点附近和周围相关人员报警。

2. 报告火警的方法

（1）拨打火警电话"119"向公安消防队报警。

（2）使用警铃、汽笛或其他约定方式报警。

（3）使用应急广播系统，利用语音喇叭报警。

3. 报告火警的内容

报警时必须讲清以下内容：

（1）发生火灾单位或个人的详细地址

包括宾馆酒店名称 / 街道门牌、明显目标、建筑层数。

（2）火灾概况

包括起火时间、场所部位、燃烧物质、火灾规模、是否有人员被困、是否有爆炸（毒）危险等。

（3）报警人情况

告诉对方你的姓名和联系电话，以便消防队随时掌握火灾现场情况。

（二）初起火灾扑救方法

在发现起火后，如火势较小，应利用身边的灭火器材或物品灭火，将火灾扑灭。扑救初期火灾的方法有以下几种：

1. 冷却灭火法

将燃烧物的温度降至着火点（燃点）以下使燃烧停止，或者将邻近火场的可燃物温度降低，避免形成新的燃烧条件，如常用水或干冰进行降温灭火，用脸盆、水桶、水枪等扑救着火房间火灾。

2. 隔离灭火法

隔离灭火法是将燃烧物与附近可燃物隔离或者疏散开，从而使燃烧停止。这种方法适用于扑救各种固体、液体、气体火灾。采取隔离灭火的具体措施很多，例如，将火源附近的易燃易爆物质转移到安全地点；关闭设备或管道上的阀门，阻止可燃气体、液体流入燃烧区。

3. 窒息灭火法

窒息灭火法，即采取适当的措施，阻止空气进入燃烧区，或用惰性气体稀释空气中的氧含量，使燃烧物质缺乏或断绝氧气而熄灭，适用于扑救封闭式的空间、生产设备装置及容器内的火灾。如用棉衣、毛毯、被褥等扑救初起火灾，在上风处接近，将棉衣、毛毯、被褥等捂在可燃物上，窒息灭火，同时应注意防止复燃。

4. 抑制灭火法

抑制灭火法，是将化学灭火剂喷入燃烧区参与燃烧反应，中止链式反应而使燃烧停止。这种方法可使用的灭火剂有干粉和卤代烷灭火剂。灭火时，将足够数量的灭火剂准确地喷射到燃烧区内，使灭火剂阻断燃烧反应，同时还要采取冷却降温措施，以防复燃。如用干粉灭火器扑救着火房间、油类、气体、电气火灾，要选好喷射位置，将灭火器提到距起火点3～5米处，拔掉保险销、右手按下压把，对准火焰根部喷射干粉，由近及远将火扑灭。

5. 扑打灭火法

小面积固体可燃物着火燃烧，火势较小时，可用扫帚、树枝条或衣物扑打。但应注意，对容易漂浮的絮状粉尘等物质则不可用扑打办法灭火，以防着火的物质扑打时弹起后随风飞扬，反而扩大灾情。

6. 断电灭火法

发生电气火灾，或者火势威胁到电气线路、电器设备或电器影响到灭火人员安全时，首先要切断电源。只有切断电源后才能进行扑救。特别是在用水或泡沫灭火剂扑救电气火灾时，如果没有切断电源，扑救人员随时都有触电的危险。

7. 阻止火势蔓延

对密闭条件较好的小面积房屋，当室内发生火灾时，在未做好灭火准备之前，先关闭门窗，以阻止新鲜空气进入着火区。与着火建筑相毗连的房间，应关上与着火房间相邻的门窗。在可能条件下，还应向门窗上浇水。

（三）火场逃生自救

宾馆对于旅客来说是一个陌生的场所，酒店火灾逃生是人们出行住宿必须了解和把握的常识。如发生火灾或其他紧急情况，请不要慌乱，要冷静分析和理智处理，这样才是逃生的王道。

1. 火场逃生的原则

（1）确保安全，迅速撤离

被火围困时，旅客要抓住有利时机，就近利用一切可利用的工具、物品，想方设法迅速撤离火灾危险区。一个人的正确行为，能够带动更多人的跟随，就会避免一大批人的伤亡。不要因抢救个人贵重物品或钱财、存折而贻误逃生良机。需强调的是，如果逃生的通道均被封死时，在无任何安全保障的情况下，不要急于采取跳楼等过激行为，以免造成不必要的伤亡。

（2）顾全大局，救助结合

①自救与互救相结合。当被困人员较多，特别是有老、弱、残、妇女、儿童在场时，要积极主动帮助他们首先逃离危险区，有秩

序地进行疏散。

②自救与消除险情相结合。火场是千变万化的，如不扑灭火灾，不及时消除险情，就会造成人员伤亡，给国家和人民生命财产财产造成更大的损失。在能力和条件许可时，要千方百计消除险情，减少火灾造成的损失。

③当逃生的途径被火灾封死后，要注意保护自己，等待救援人员开辟通道，逃离火灾危险区。

2. 掌握逃生自救知识

宾馆一旦发生火灾，旅客在第一时间内应选择逃生自救。

①如走道尚未有烟火或烟雾较小时，应迅速疏散到安全出口。逃生时要匍匐前进，并用浸湿的毛巾或衣服捂住口鼻，这样能降低浓烟的危害。

②走道烟火较大，无法向外疏散时，应迅速关好房门，用浸湿的毛巾、床单等堵住门缝，防止烟火进入，同时，要在窗口挥舞毛巾呼救。

③情况紧急时，可以用床单、窗帘拧成绳，从窗户逃生，但床单、窗帘一定要牢牢固定好，防止高空跌落。

④在没有疏散引导的情况下，向下或沿水平方向逃离。当去路被火封死时，也可以往上跑，不得已时才可跑到楼顶平台，不过那里的高温仍有威胁。

⑤实在无法逃离时，也不要跳楼，退回其他没有着火的房间，将房门紧闭并泼水，然后到阳台呼救。如果火已突破房门，不要开窗。要沉住气，尽量利用房间条件保护自己，并等待救援人员救助。

3. 充分利用各种逃生器材和设施逃生

（1）利用缓降器逃生

缓降器由挂钩（或吊环）、吊带、绳索及速度控制器组成，是一种靠人的自身重量缓慢沉降的安全救生装置，可以用安装器具固定在建筑物的窗口、阳台、屋顶外沿等处。

（2）利用救生袋逃生

救生袋是两端开口，供逃生者从高处进入其内部缓慢滑降的长条袋状物。被困人员进入袋内，可依靠自重和不同姿势来控制降落速度，缓慢降落至地面脱险。一般救生袋的长度不小于20米。

（3）利用自救绳逃生

如果受到火势直接威胁，必须立即逃离时，可以利用绳子拴在室内的重物、桌子腿、牢固的窗等可以承重的地方，将人吊下或慢慢自行滑下，下落时可戴手套，如无手套可用衣服毛巾等代替，以防绳索将手勒伤。如无绳索，在紧急情况下，可利用床单、窗帘、衣服等系在一起作为自救绳，将绳的一端固定好，另一端投到室外，而后沿自救绳滑到安全地带或地面。下滑时，一是要保证绳索可以承受你的体重；二是如果下到下面的某个楼层即可脱险，则不必要到达地面，可在下面某个未起火的楼层将玻璃踢破进入。

（4）利用自然条件逃生

在疏散设施无法使用，又无其他应急器材可作救生器材的情况下，可充分利用建筑物本身及附近的自然条件，进行自救。如阳台、窗台、屋顶、落水管、避雷线，以及靠近建筑物的物体等。但要注意查看落水管、避雷线是否牢固，否则不能利用。

（5）暂时避难方法

在各种通道被切断，火势较大，一时又无人救援的情况下，对于没有避难间的建筑，应退回室内等候公安消防队救援。

当被困在房间里面时，应关紧迎火的门窗，打开背火的门窗，但不能打碎玻璃，要是窗外有烟进来时，还要关上窗子。如门窗缝隙或其他孔洞有烟进来时，应该用湿毛巾、湿床单等物品堵住，并不断向物品上和门窗上洒水，最后向地面洒水，并淋湿房间的一切可燃物，延缓火势蔓延，同时向窗外扔些软物，告诉楼下人员，楼上有人被困。夜间则可向外打手电、敲面盆等，发出求救信号，运用一切手段和措施与火搏斗，直到消防队到来，救助脱险。

等待救援时，被困人员应开辟临时避难场所。开辟避难间时，要选择在有水源和能同外界联系的房间，有水源可以降温、灭火、消烟，以利避难人员生存，同时又能与外面联系以获得救助。有电话要及时报警，无电话，可向窗外伸出彩色鲜艳的衣物或抛出小物件发出求救信号，或其他明显标志向外报警，夜间可开灯或用电筒向外报警。

例如，在哈尔滨市一居民区特大火灾中，有一户 3 口之家，在火灾蔓延至大楼之际，想从楼梯跑出去已不可能，于是全家人首先将门窗紧闭，将棉被、毛毯等物品悬挂在门和窗户上，还利用湿毛巾等物品将可能渗入烟气的所有缝隙塞严堵实，防止烟雾袭入。然后将浴盆、脸盆等用具均放满水，用水淋湿悬挂于门、窗之上的遮挡物。然后躲到卫生间，把窗户开个小缝，既控制烟气，又能呼吸新鲜空气。再在屋内进行巡视检查，一旦发现遮挡物存在有被烟火烘干之处，就立即淋水，始终保持其处于湿润状态，一直坚持到大火熄灭。结果在全楼各家均被烧毁的惨状下，惟其一家完好无损。既保住了家庭财产，全家人也安然无恙。

（6）采取防烟措施

逃生者多数要穿过烟雾弥漫的走廊，才能离开起火区，而烟对生命的危害比火更大，以往的火灾都证明，葬身火海的人大部分是在被火烧之前已窒息死亡，所以，逃生过程中防止吸入烟尘非常重要。

①在火灾的初起阶段，靠近地面的烟气和毒气比较稀薄，能见度相对比较好。旅客在逃生时，应采取低姿行走、探步前进的方法，若烟雾太浓，判断准确方向后，应沿地面爬行，逃离现场。

②利用防毒面具防烟、防毒。宾馆饭店如备有过滤式防毒面具，它能过滤烟雾中的烟粒子和 CO 等毒气。若确认已发生火灾，应迅速戴上防毒面具。方法是，将面罩下方先套入下腭，然后上抬将头带拉紧，使面罩紧贴面部以防漏气。

③利用湿毛巾、衣服、垫布等织物叠成多层捂住口鼻，以防烟、防毒。实践证明将湿毛巾叠成 16 层，就能使透过毛巾的烟雾浓度减少到 10% 以下，即烟雾的消除率达 90% 以上。但考虑实用，一条毛巾以叠成 8 层为宜，其烟雾消除率可达 60%。若利用其他织物，应视其薄厚、疏密来确定折叠的层数，一般层数越多，除烟效果越好。使用毛巾和其他织物捂住口鼻时，一定要使滤烟的面积尽量增大，确实将口鼻捂严。在穿过烟雾区时，即使感到呼吸阻力增大（呼吸困难），也绝不能把毛巾从口鼻上移开。

自救妙招

每个人都在祈求平安。但天有不测风云，人有旦夕祸福。一旦火灾降临，在浓烟毒气和烈焰包围下，不少人葬身火海，也有人死里逃生幸免于难。“只有绝望的人，没有绝望的处境”，面对滚滚浓烟和熊熊烈焰，只要冷静机智运用火场逃生自救知识，就有极大可能拯救自己。因此，多掌握一些火场自救的要诀，困境中也许就能获得第二次生命。

第一诀：逃生预演，临危不乱。

每个人对自己工作、学习或居住所在的建筑物的结构及逃生路径要做到了然于胸，必要时可集中组织应急逃生预演，使大家熟悉建筑物内的消防设施及自救逃生的方法。这样，火灾发生时，就不会走投无路了。

请记住：事前预演，将会事半功倍。

第二诀：熟悉环境，暗记出口。

当你入住酒店时，为了自身安全，务必留心疏散通道、安全出口及楼梯方位等，以便关键时候能尽快逃离现场。

请记住：在安全无事时，一定要居安思危，给自己预留一条通路。

第三诀：通道出口，畅通无阻。

楼梯、通道、安全出口等是火灾发生时最重要的逃生之路，应保证畅通无阻，切不可堆放杂物或设闸上锁，以便紧急时能安全迅速地通过。

请记住：自断后路，必死无疑。

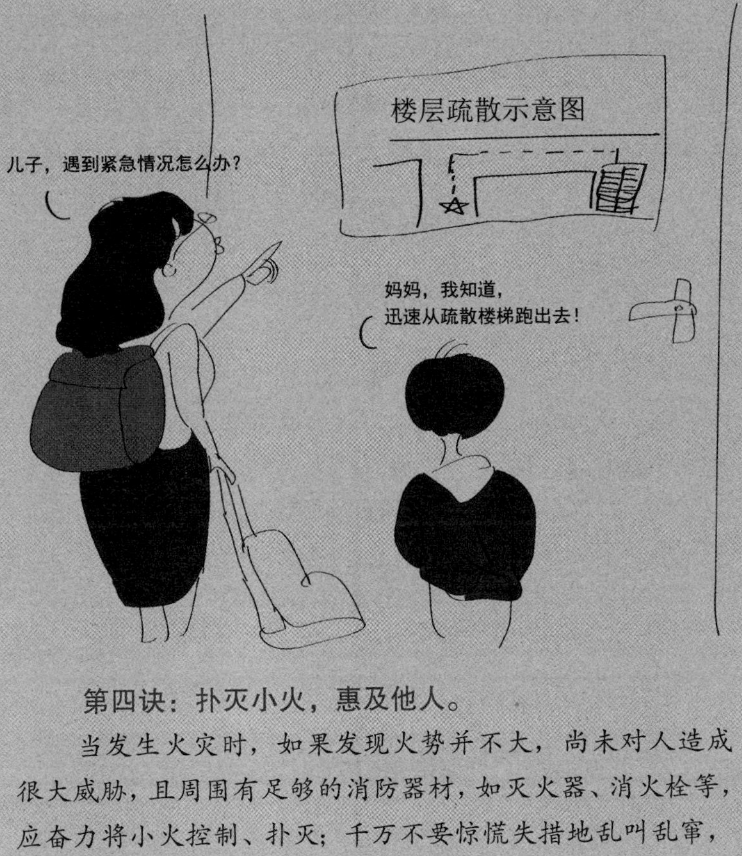

第四诀：扑灭小火，惠及他人。

当发生火灾时，如果发现火势并不大，尚未对人造成很大威胁，且周围有足够的消防器材，如灭火器、消火栓等，应奋力将小火控制、扑灭；千万不要惊慌失措地乱叫乱窜，置小火于不顾而酿成大灾。

请记住：争分夺秒扑灭“初期火灾”。

第五诀：保持镇静，明辨方向，迅速撤离。

突遇火灾，面对浓烟和烈火，首先要强令自己保持镇静，迅速判断危险地点和安全地点，决定逃生的办法，尽快撤离险地。千万不要盲目地跟从人流和相互拥挤、乱冲乱窜。撤离时要注意，朝明亮处或外面空旷地方跑，要尽量往楼层下面跑。若通道已被烟火封阻，则应背向烟火方向离开，通过阳台、气窗、天台等往室外逃生。

请记住：人只有沉着镇静，才能想出好办法。

第六诀：不入险地，不贪财物。

在火场中，人的生命是最重要的。身处险境，应尽快撤离，不要因害羞或顾及贵重物品，而把宝贵的逃生时间浪费在穿衣或寻找、搬离贵重物品上。已经逃离险境的人员，切莫重返险地，自投罗网。

请记住：留得青山在，不怕没柴烧。

第七诀：简易防护，蒙鼻匍匐。

逃生时经过充满烟雾的通道，要防止烟雾中毒、预防窒息。为了防止火场浓烟呛人，可采用毛巾、口罩蒙鼻，匍匐撤离的方法。烟气较空气轻而飘于上部，贴近地面撤离是避免烟气吸入、滤去毒气的最佳方法。穿过烟火封锁区，应佩戴防毒面具、头盔、阻燃隔热服等护具，如果没有这些护具，可向头部、身上浇冷水或用湿毛巾、湿棉被、湿毯子等将头、身裹好，再冲出去。

请记住：多件防护工具在手，总比赤手空拳好。

第八诀：善用通道，莫入电梯。

按规范标准设计建造的建筑物，都会有两条以上逃生楼梯、通道或安全出口。发生火灾时，要根据情况选择进入相对较为安全的楼梯通道。除可以利用楼梯外，还可以利用建筑物的阳台、窗台、天台、屋顶等攀到周围的安全地点，沿着落水管、避雷线等建筑结构中凸出物滑下楼也可脱险。在高层建筑中，电梯的供电系统在火灾时随时会断电或因热的作用电梯变形而使人被困在电梯内，同时由于电梯井犹如贯通的烟囱般直通各楼层，有毒烟气直接威胁被困人员的生命，因此，千万不要乘普通的电梯逃生。

请记住：逃生的时候，乘电梯极危险。

第九诀：缓降逃生，滑绳自救。

高层、多层公共建筑内一般都设有缓降器或救生绳，旅客可以通过这些设施安全地离开危险的楼层。如果没有这些专门设施，而安全通道又已被堵，在救援人员不能及时赶到的情况下，你可以迅速利用身边的绳索或床单、窗帘、衣服等自制简易救生绳，并用水打湿从窗台或阳台沿绳缓滑到下面楼层或地面安全逃生。

请记住：胆大心细，救命绳就在身边。

第十诀：避难场所，固守待援。

假如用手摸房门已感到烫手，此时一旦开门，火焰与浓烟势必迎面扑来。逃生通道被切断且短时间内无人救援，这时候，可采取创造避难场所、固守待援的办法。首先应关紧迎火的门窗，打开背火的门窗，用湿毛巾、湿布堵塞门缝或用水浸湿棉被蒙上门窗然后不停用水淋透房间，防止烟火渗入，固守在房内，直到救援人员到达。

请记住：坚盾何惧利矛？

第十一诀：缓晃轻抛，寻求援助。

被烟火围困暂时无法逃离的人员，应尽量待在阳台、窗口等易于被人发现和能避免烟火近身的地方。在白天，可以向窗外晃动鲜艳衣物，或外抛轻型晃眼的东西；在晚上可以用手电筒不停地在窗口闪动或者敲击东西，及时发出有效的求救信号，引起救援者的注意。由于消防人员进入室内都是沿墙壁摸索行进，所以在被烟气窒息失去自救能力时，应努力滚到墙边或门边，便于消防人员寻找、营救；此外，滚到墙边也可防止房屋结构塌落砸伤自己。

请记住：充分暴露自己，才能有效拯救自己。

第十二诀：火已及身，切勿惊跑。

如果发现身上着了火，千万不可惊跑或用手拍打，因为奔跑或拍打时会形成风势，加速氧气的补充，促旺火势。

当身上衣服着火时，应赶紧设法脱掉衣服或就地打滚，压灭火苗；能及时跳进水中或让人向身上浇水、喷灭火剂就更有效了。

请记住：就地打滚虽狼狈，烈火焚身可免除。

第十三诀：跳楼有术，虽损求生。

身处火灾烟气中的人，精神上往往陷于极端恐怖和接近崩溃，惊慌的心理极易导致不顾一切的伤害性行为如跳楼逃生。应该注意的是：只有消防队员准备好救生气垫并指挥跳楼时或楼层不高（一般4层以下），非跳楼即烧死的情况下，才采取跳楼的方法。即使已没有任何退路，若生命还未受到严重威胁，也要冷静地等待消防人员的救援。跳楼也要讲技巧，跳楼时应尽量往救生气垫中部跳或选择有水池、软雨篷、草地等方向跳；如有可能，要尽量抱些棉被、沙发垫等松软物品或打开大雨伞跳下，以减缓冲击力。如果徒手跳楼一定要扒窗台或阳台使身体自然下垂跳下，尽量降低垂直距离，落地前要双手抱紧头部身体弯曲卷成一团，以减少伤害。跳楼虽可求生，但会对身体造成一定的伤害，所以要慎之又慎。

请记住：跳楼不等于自杀，关键是要有方法。

专家提示

①在室内发现外部起火，开启房门前，应先触摸门板，如果发热或有烟气从门缝窜入时，不要贸然开门，应设法从其他出口逃脱。必须开门时，应缓慢开启，并在一侧利

用门扇等物做好掩护，防止被烟气熏倒或被热气浪灼伤。

②逃生时，要随手关闭通道上的门窗，延缓烟雾进入疏散通道。通过烟区时，最好以低姿前进或匍匐前进，并用湿毛巾捂住口、鼻。

③呼救时，除大声呼喊外，还应挥动鲜艳醒目的物品，夜间还可以用手电筒等发光信号，或敲击金属物等，以引起救援人员的注意。如果室内有电话，立即拨打“119”火警电话，向消防队求救。

④如果身上衣服着火，应迅速将衣服脱下，或撕下，或就地翻滚，把火压灭。但应注意不要滚动过快，一定不要身穿着火的衣服跑动。如近处有水池等，可迅速跳入水中，但人体已被烧伤，应注意不要跳入污水中，防止感染。

第八章

旅游饮食安全防范与应对

旅游是集食、住、行、游、购、娱为一体的综合性活动，饮食在旅游活动中有极为重要的地位，是完成旅游活动的必要基础。尽管我国旅游配套设施在不断完善，规章制度纷纷出台，但是旅游食品安全事故仍然频频发生。据国家旅游调处中心统计，我国每年都存在游客食物中毒事件。饮食安全问题直接关系游客身体的健康和生命安全，应引起高度重视。

一、事件回放

2010 年 10 月 8 日是国庆长假结束后的第一天，原计划结束出游回家的广州游客谭女士，却因一顿早餐中毒命丧四川省甘孜藏族自治州境内的海螺沟，另有几十人被送往医院接受抢救。

10 月 8 日一早，来自广州、上海两地的旅游团团员，来到下榻的花园酒店用早餐。没想到，这顿早餐彻底打乱了本该愉快的旅程。10 分钟后，开始有人头晕并呕吐不止，接着不断有游客出现不适症状。

“我看到我们团的十来个游客和导游指甲都乌黑了，很快有人报了警。”在旅行社跑海螺沟这条线路已有一年时间的 41 岁司机王师傅回忆，当天上午 7 时 35 分，他就到酒店食堂吃早饭，“要开半天的车，我就吃得稍微多点。半碗面、半碗粥、两个小包子、两颗花生、一口豆腐乳。”吃下这些东西后不到 3 分钟，王师傅就出现不适。

经过医院的积极救治，42 名游客脱离生命危险陆续出院，还有 5 名游客继续留院观察。然而，来自广州现年 47 岁的谭女士疑似食物中毒的情况最严重，最终不幸身亡。据了解，谭女士是一家三口出来旅游的，她的丈夫及孩子也在医院接受治疗。

10 日晚，四川省疾病预防控制中心对海螺沟游客集体中毒事件出具的检验报告让人触目惊心。报告显示：1 千克面条含 10.8 克亚硝酸盐，1 千克烫饭含 11.3 克亚硝酸盐，1 千克泡菜含 8.41 克亚硝酸盐。据专家透露，2 ～ 3 克亚硝酸盐就足以让一个成年人丧命。

事发当天，海螺沟景区管理局迅速启动了应急预案，采取了有效措施，稳定游客情绪，进一步加强卫生防疫检查。海螺沟景区管理局副局长表示，卫生和工商部门已对海螺沟景区进行了拉网式排查，保证不再发生类似问题。

然而，一个三口之家因母亲的中毒身亡而破碎，游客们在此次旅游中造成的身体和精神上的损失已不可避免。本该愉快惬意的一次国庆长假之旅，却留下挥之不去的阴影，也给景区的形象抹上了不光彩的一笔。

二、旅游饮食事故原因

旅游活动中的饮食直接影响着游客的健康状况，进而影响着旅游活动能否顺利完成。旅游饮食中的安全问题主要表现为食物中毒，引起食物中毒的主要原因有以下几个方面。

（一）“坏米”煮不出“好饭”

农产品在种植和养殖过程中，大量使用农药、化肥、动植物激素等导致了蔬菜、水果化学残留物过多，影响了食品的安全性。同时在种植和养殖过程中还可能受到来自受污染的大气、土壤、水而导致的间接污染。此外农户使用不合格的农药、有害饲料添加剂或是操作上的不规范也会导致附加的不安全因素。饮料、酒水等一些当地不生产的物资由于受地理、交通等因素影响，质量难以保证。一些“农家乐”经营场所原料采购把关不严，进货渠道较复杂，品种杂乱，采购人员索证意识不强，原料质量往往难以控制。

（二）卖家不以“食为天”

“食品生产经营者是食品安全第一责任人”的观念不强。一些开展乡村旅游的“农家乐”为季节性经营，经营管理者不稳定，缺乏长远发展的理念。大多数从业者未经过系统的食品安全卫生教育，对食品安全重要性认识不足。部分经营者食品安全自律意识差，产品质量知识较缺乏，经营行为不规范，容易产生食品安全隐患。

（三）食品流通、经营秩序不规范

尽管我国已经制定并颁布了《食品安全法》，但食品安全风险监测评估和标准体系建设仍处于起步阶段。景区餐饮企业食品、原辅料采购途径几乎全部来源于景区外，大部分餐饮单位不能很好地执行食品原辅料卫生管理制度、索证索票制度和购销台账制度；有的餐饮企业加工场地和日常生活场地在一起，有的餐饮企业为了扩大用餐面积，厨房面积狭窄，有的餐饮单位没有完备系统的卫生防护设施和洁净的餐饮加工环境，还有一些餐饮单位的餐饮器皿、用具、设备等消毒措施不到位，在诸多环节存在着食品安全隐患。目前，我国《食品安全法》中确立的食品安全监管机制是由各级地方政府的卫生部门、农业部门、质量监督部门、工商行政管理部门、食品药品监督管理部门组成的联合监管体制。采取“分段监管”的方式，虽然有利于每个环节的监管部门各司其职、发挥其专业优势。但政府监管权力分散容易导致监管工作无法形成合力，协调性差，增加了部门之间的协调成本，尤其在多部门监管工作联动机制上存在较大的问题，管理部门的职责不清和管理缺位现象突出，影响了监管效率。

（四）不法分子“假一赚十”

旅游业中蕴藏着巨大商机，一些不法分子为牟取暴利，生产不合格食品，严重损害了游客的利益，更损害了旅游城市的良好形象。

（五）“门”的把控不严格

我国现有注册食品生产企业400万家，旅游食品供应企业达200万家，小作坊、小摊贩、小餐饮不计其数。而游客的行为相对随意性又很大，部分旅游目的地的旅游线路长，沿途的旅游食品供应无法真正被监管。

三、旅游饮食安全防范

俗话说得好，“祸从口出，病从口入”。在外旅游又不免会贪嘴，但即使是嘴巴再馋，吃东西的时候也要注意安全。

（一）旅游饮食安排

旅途中的饮食安排非常重要，由于旅游期间气候、水土、作息时间和饮食习惯的改变，加之旅途劳累，容易影响食欲，甚至会染上疾病。因此必须合理安排饮食，做到营养、卫生和省钱。

旅途中能量消耗大，应进食高热量的食品，并适量吃点糖，但要尽量少吃油腻食品。在进餐的时间上，早餐应安排在旅游前2小时，晚餐宜安排在旅游后1小时，过早和过晚都不利于身体健康。晚上休息前如有条件，最好喝杯热奶，补充营养，还能起到促进睡眠的作用。旅途中不要过度饮酒抽烟，否则会对血液循环和心脏功能造成伤害。

（二）安全饮食的原则

1. 卫生可口、有益健康

切忌饮食不卫生而引发疾病，那样既不利于自身健康，又影响正常行程。因此饮食首先要注意的就是卫生。

2. 价格适中、保证营养

要注意旅途中的饭菜营养，切不可因节约而忽视营养和健康；当然也不宜在旅途中铺张浪费、大吃大喝，这样也很可能带来身体方面的不适。

3. 早餐宜在饭店里用

这样既可安稳用餐，保证营养和卫生，也可避免因四处寻找而浪费时间。切忌不用早餐而匆忙出行。

4. 选择一些具有地方特色的饭菜

这样可以更多地了解当地的风土民情，丰富旅游生活，增长见识。因此可以说它是旅游生活中的一个重要组成部分。

5. 注意饮水卫生

一般来说，正确的饮水优先顺序是：蒸馏水、开水和消毒净化过的自来水、山泉和深井水。江、河、塘、湖水千万不能生饮。必要时可用瓜果代水。

6. 节制饮食

乘坐车船或飞机出行时，由于没有运动条件，食物的消化过程延长、速度减慢，如果不节制饮食，必然增加胃肠的负担，引起肠胃不适。

7. 慎重对待每一餐

高中档的饮食店一般可放心去吃，大排档可有选择地吃，尽量避免摊位或沿街摆卖。

（三）饮食要点

在旅游过程中，应遵守以下饮食要点。

1. 尽量进食煮熟的食品

（1）进食已彻底煮熟或密封式包装的食品。

（2）不要吃未经煮熟的肉类、鱼类及贝壳类如蚬、蚝等。

（3）不要吃生冷食品，如沙律、雪糕等。

2. 生吃瓜果要洗净

（1）瓜果蔬菜在生长过程中不仅会沾染病菌、病毒、寄生虫卵，还有残留的农药、杀虫剂等，如果不清洗干净，不仅可能染上疾病，还可能造成农药中毒。

（2）不要吃已去皮、切开的水果及未经洗净的蔬菜。

（3）直接食用的瓜果应用洁净的水彻底清洗并尽可能去皮。

3. 饮水注意安全

（1）只饮用煮沸的水、罐装或樽装饮品及经消毒的奶类制品。

（2）不要喝加进冰水的饮品或已榨好的鲜果汁。

（3）直接饮用樽装的饮品时要先清洁樽口。

（4）不饮用不洁净的水或者未煮沸的自来水；水是否干净，

仅凭肉眼很难分清，清澈透明的水也可能含有病菌、病毒，喝开水最安全。

4. 不吃腐败变质的食品

（1）不买不食腐败变质、污秽不洁及其他含有害物质的食品。

（2）不食用在室温条件下放置超过2小时的熟食和剩余食品。

（3）不吃腐烂变质的食物，食物腐烂变质，就会味道变酸、变苦；散发出异味儿，这是因为细菌大量繁殖引起的，吃了这些食物会造成食物中毒。

5. 不随便吃野菜、野果

野菜、野果的种类很多，其中有的含有对人体有害的毒素，缺乏经验的人很难辨别清楚，只有不随便吃野菜、野果，才能避免中毒，确保安全。

6. 不买“三无”食品

（1）不食用来历不明的食品，不购买无厂名厂址和保质期等标识不全的食品。

（2）不光顾无证无照的流动摊档和卫生条件不佳的饮食店。不随意购买、食用街头小摊贩出售的劣质食品、饮料，这些劣质食品、饮料往往卫生质量不合格，食用会危害健康。

7. 注意饮食卫生

（1）进食前或便后应将双手洗净，养成吃东西以前洗手的习惯。人的双手每天干这干那，接触各种各样的东西，会沾染病菌、病毒和寄生虫卵。吃东西以前认真用肥皂洗净双手，才能减少“病从口入”的可能。

（2）在进食的过程中如发现感官性状异常，应立即停止进食。

（四）食品的选择

1. 新鲜食品

旅游食品一定要选择新鲜，色泽亮丽，让人一见便垂涎欲滴的食品。

2. 多汁食品

外出旅游因水分消耗大，所以多食汤食及清淡食品为佳，最好多吃新鲜蔬菜、水果，可适当配些瘦肉，尽量少食油炸、油腻食品，以防引起消化不良。含糖量较低的汽水、富含维生素的饮料以及水果等，既解渴又可以减轻旅途的疲劳。许多人在爬山时看到泉水觉得清凉，又加上干渴，于是不管三七二十一，痛痛快快地饮一顿，其实这是不好的习惯。因为有些泉水有害矿物质超标，有的地方污染很严重，饮用后对健康不利。

3. 营养食品

营养食品不宜吃得过饱，以免影响旅游行程。

4. 风味食品

携带的旅游食品应具有多种风味，互相搭配，以促进食欲。可选择一些自己喜爱的食品，在饮食不习惯时派上用场。在风景区旅游可以选购当地的传统特色食品，品尝风味小吃，既可饱口福，又可以得到美的享受。

5. 柔软食品

一般在旅游中，人的体力消耗较大，容易口干舌燥，食欲不振。而柔软食品既新鲜，又易于消化。

（五）特殊食物的重点防范

一般来说，易导致食物中毒的食品以冷荤、凉菜、剩米饭和肉制品等为主，海鲜类食品、扁豆、新鲜腌制的咸菜也易出现这一问题。

1. 食用海产品安全防范

据有关资料显示，在各种鲜活的海产品内，潜藏着多种多样的致病细菌和寄生虫。人若吃入含有这些致病性微生物以及病毒、寄生虫的生海鲜，有可能引起致命的感染及患有食源性寄生虫病。因此，在食用海产品时应格外注意。

（1）购买活海鲜

为了减少吃海鲜引发的食物中毒，购买海鲜时，尽量选购活的，尤其是死蟹最好不要买来吃。

（2）海鲜生吃要谨慎

海鲜生吃，要先冷冻，再浇点淡盐水，这样可以有效杀死细菌。对于肠道免疫功能差的人来说，生吃海鲜具有潜在的致命危害。

（3）海鲜熟吃

有甲壳的海鲜，在烹调前要用清水将其外壳刷洗干净。贝壳类海鲜烹煮前，在淡盐水中浸约 1 小时，让它自动吐出泥沙，但浸泡时间不宜过长。

（4）吃海鲜不要喝啤酒

吃海鲜喝啤酒易患痛风。海鲜食品富含嘌呤，可造成人体代谢紊乱，引起代谢性疾病，食用海鲜时饮用大量啤酒，会产生过多的尿酸，从而引发痛风。吃海鲜应配以干白葡萄酒，因为其中的果酸具有杀菌和去腥的作用。

（5）关节炎患者要少吃海鲜

海参、海龟、海带、海菜等含有较多的尿酸，被人体吸收后可在关节中形成尿酸结晶，使关节炎症状加重。

（6）海鲜不要与水果同吃

海鲜中的鱼、虾、藻类等都含有比较丰富的蛋白质和钙等营养物质。如果把它们与含有鞣酸的水果，如葡萄、石榴、山楂、柿子等同食，不仅会降低蛋白质的营养价值，还会引起人体不适，出现呕吐、头晕、恶心和腹痛腹泻等症状。所以海鲜大餐之后最好不要马上吃水果。海鲜与这些水果同吃，至少应间隔 2 小时。吃海鲜后，1 小时内也不要食用冷饮、西瓜等食品，且不要马上去游泳。

2. 四季豆

四季豆又名扁豆、芸豆、刀豆、梅豆等，各地称呼有所不同，形状或相同或不同，或统称为菜豆、豆角，是人们喜食的蔬菜。吃烹调加工不熟的四季豆能使人中毒，20 世纪 70 年代就已被发现，但每年因此而发生集体中毒事件却不少。

（1）中毒症状

四季豆中毒的发病潜伏期为数十分钟至数小时，一般不超过 5 小时，主要为恶心、呕吐、腹痛、腹泻等胃肠炎症状，同时伴有头痛、头晕、出冷汗等神经系统症状。有时四肢麻木、胃烧灼感、心慌和背痛等。病程一般为数小时或 1 ～ 2 天，愈后良好。若中毒较深，则需送医院治疗。

（2）预防措施

四季豆中毒的预防措施主要有：

①四季豆最好红烧，使之充分熟透，以破坏其中所含的毒素。

②凉拌需煮透，以失去原有的生绿色，食用时无生味和苦硬

感。不能用开水焯一下就凉拌，更不能用盐拌生食。

③炒食不应过于贪图脆嫩，要充分加热使之彻底熟透。

④要注意不买、不吃老四季豆，把四季豆两头和豆荚摘掉，因为这些部位含毒素较多。使四季豆外观失去原有的生绿色，吃起来没有豆腥味，就不会中毒。

⑤集体饭堂和餐饮单位禁止购买、烹调、销售四季豆，防止因加工烹调四季豆不当引起的集体性食物中毒事件的发生。

3. 野生菌

野生菌是云南特有的珍稀野生食用菌，生长在海拔2 000 ～ 4 000 米的地带，原野生采集，价等黄金，有“真菌之花”“菌中皇后”之誉，列为“草八珍”。

食菌中毒者绝大多数人都是胃肠炎型轻度中毒，临床表现为剧烈恶心、呕吐、腹痛等，还有少数为神经精神型，临床表现为头昏、恶心、呕吐，然后出现烦躁、谵妄、幻视等症状。如果中毒严重，对人体损害极大，会引发急性肾功能衰竭或导致休克甚至死亡的肝坏死和溶血性的中毒。

（1）如何辨别有毒野生菌

在我国，毒菌有180多种，其中可致人死亡的至少有30多种。一般来说，有毒菌的颜色比较鲜艳，菌帽上可能会有疙瘩、红斑、沟托、沟裂，有的菌子上有菌托、菌环。有毒菌折断后通常会有浆汁流出来，味道刺鼻。有毒菌还可从以下几个方面加以识别：

①看生长地带。可食用的无毒菌类多生长在清洁的草地或松树、栎树上，有毒菌往往生长在阴暗、潮湿的肮脏地带。

②看颜色。有毒菌菌面颜色鲜艳，有红、绿、墨黑、青紫等颜色，特别是紫色的往往有剧毒。有毒菌采摘后一般很快变色。

③看形状。无毒菌菌盖较平，伞面平滑，菌面上无轮，下部无菌托。有毒菌菌盖中央一般呈凸状，形状怪异，菌面厚实板硬，菌秆上一般有菌轮，菌托秆细长或粗长，易折断。

④看分泌物。将采摘的新鲜野生菌撕断菌秆，无毒菌的分泌物清亮如水（个别为白色），菌面撕断不变色；有毒菌的分泌物稠浓，一般呈赤褐色，撕断后在空气中易变色。

⑤闻气味。无毒菌有特殊香味，无异味。有毒菌有怪异味，如辛辣、酸涩、恶腥等。

⑥化学鉴别。取采集或买回的可疑菌，将其汁液取出，用纸浸湿后，立即在上面加一滴稀盐酸或白醋，若纸变成红色或蓝色的则有毒。或用葱白在菌盖上擦一下，如果葱白变成青褐色，证明有毒，反之则无毒。毒菌煮熟后遇上银器往往变黑色，遇蒜丁变蓝色或褐色。或将少量新鲜牛奶洒在菌表面，如果牛奶在其表

面上发生结块现象，则可能有毒。

（2）食用野生菌注意事项

①不要采自己不熟悉的菌类，尤其是颜色鲜艳的菌子。食用野生菌不要杂，最好每次食用一种野生菌。

②采来的野生菌不要全放在一起炒，因为种类不同的野生菌混炒容易发生化学反应，没毒的菌子也变成有毒的了。加工的时候一定要小心，像食用牛肝菌，最好的办法就是先煮熟，把毒性减低，以减少中毒发生的可能性。

③去市场买菌时，最好买曾吃过的，没发生任何危险的菌子，买来后应炒熟炒透后再吃。

④吃菌时不要喝酒。有的野生菌虽然无毒，但含有的某些成分会与酒中所含的乙醇发生化学反应，生成毒素引起中毒，因此，食用野生菌时最好不要饮酒。

⑤吃完菌后如感不适，有恶心、头晕、呕吐、看东西不明或幻视、幻听症状应立即前往医院治疗，万一来不及就医，应立即采用简易的方法和容易找到的药物，进行催吐、洗胃、导泻或灌肠等处理，尽快排除体内尚未被吸收的残菌或减缓有毒物质的吸收，从而减轻中毒程度，防止病情加重。经过这些处理后，还要尽快转送医院诊治。

温馨提示

1. 不要随意接受和食用陌生人赠送的香烟、食物和饮品，防止他人暗算和失窃。

2. 旅游期间要合理饮食，不要暴饮、暴食或贪食。喜欢喝酒的游客在旅途中应严格控制自己的酒量，饮酒时最好不超过本人平时的1/3。

3. 学会鉴别饮食店卫生是否合格。合格的一般标准应是有卫生许可证，有清洁的水源，有消毒设备，食品原料新鲜、无蚊蝇，有防尘设备，周围环境干净，收款人员不接触食品且钱票与食品保持相当距离。

4. 为防止旅途中水土不服，游客应自备一些常用药品以备不时之需，切勿随意服用他人提供的药品。

四、食物中毒应对

食物中毒可出现多种症状，最常见的是剧烈呕吐、腹泻，同时伴有中上腹部疼痛。食物中毒者常会因上吐下泻而出现脱水症状，如口干、眼窝下陷、皮肤弹性消失、肢体冰凉、脉搏细弱、血压降低，甚至会导致休克。

（一）食物中毒的急救措施

游客如果出现食物中毒症状，首先应立即停止食用可疑食物，同时，立即拨打“120”呼救。在急救车到来之前，可以采取以下自救措施：

1. 饮水

立即饮用大量干净的水，对毒素进行稀释。

2. 催吐

如果食用时间在1～2小时内，对中毒不久而无明显呕吐者，可先用手指、筷子等刺激其舌根部的方法催吐，或让中毒者大量饮用温开水并反复自行催吐，以减少毒素的吸收。立即取食盐20克加开水200毫升溶化，冷却后一次喝下，如果不吐，可多喝几次，迅速促进呕吐。也可用鲜生姜100克捣碎取汁用200毫升温水冲服。如果吃下去的是变质的荤食品，则可服用十滴水来促使迅速呕吐。如在呕吐物中发现血性液体，则提示可能出现消化道或咽部出血，应暂时停止催吐。

3. 导泻

如果游客吃下去的中毒食物时间较长，一般已超过2～3小时，而且精神较好，则可服用些泻药，促使中毒食物尽快排出体外。一般用大黄30克一次煎服，老年患者可选用元明粉20克，用开水冲服，即可缓泻。对老年体质较好者，也可采用番泻叶15克一次煎服，或用开水冲服，也能达到导泻的目的。

4. 解毒

如果是吃了变质的鱼、虾、蟹等引起的食物中毒，可取食醋100毫升加水200毫升，稀释后一次服下。此外，还可采用紫苏30克、生甘草10克一次煎服。若是误食了变质的饮料或防腐剂，最好的急救方法是用鲜牛奶或其他含蛋白的饮料灌服。

5. 就医

如果进行简单处理后，中毒症状仍未消失，要尽快就医。

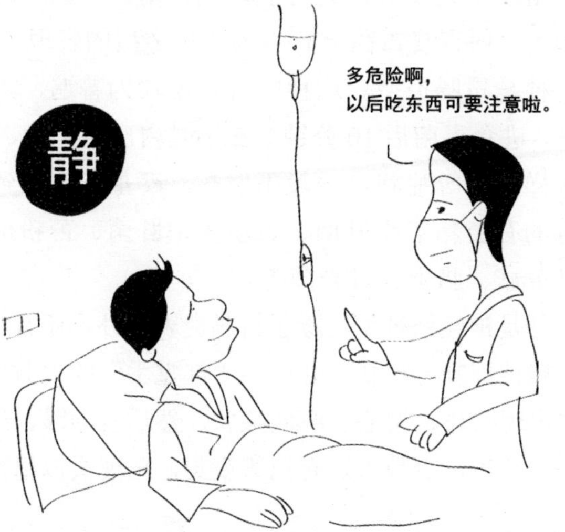

（二）针对性食物中毒应对

食物中毒发生后，千万不要恐慌，自乱阵脚，而要根据不同的食物中毒情况采取针对性的应急措施。

1. 毒蘑菇中毒

蘑菇中毒要及时实施下列急救措施：

（1）立即呼叫救护车赶往现场。

（2）急救时最重要的是让中毒者大量饮用温开水或稀盐水，然后把手指伸进咽部催吐以减少毒素的吸收。

（3）在等待救护车期间，为防止反复呕吐发生脱水，最好让患者饮用加入少量食盐和食用糖的“糖盐水”，补充体液的丢失，防止休克的发生。

（4）对于已发生昏迷的患者不要强行向其口内灌水防止窒息。

2. 野生菌中毒

凡是菌中毒的病人，如果能知道是吃什么菌子而引起中毒，将对抢救和治疗有极大帮助。

（1）如何判断食用野生菌中毒

如果出现下列反应，有可能是因食用野生菌中毒，应及时到医院就诊。一般误食毒菌会有下列 4 种类型的表现：

第一种是胃肠炎型。这种中毒表现较为普遍，约占 80%。具体反应是，进食毒菌后 10 分钟～2 小时内出现无力、恶心、呕吐、腹痛、水样腹泻等症状，一般不发热，严重者会导致脱水。引起这类中毒的有黄粘盖牛肝菌、黄粉末牛肝菌、苦粉孢牛肝菌、毒红菇、臭黄菇、腊伞、月光菌等。

第二种是神经精神型。除了胃肠炎表现外，还有精神兴奋、精神错乱和精神抑制等症状。如俗名“红见手”的褐黄牛肝菌，吃了以后会先出现头昏、恶心、呕吐症状，然后有烦躁、幻听、幻觉、妄语等怪异行为，少数人还有迫害妄想，出现类似精神分裂症的症状。食用者会感觉面前有活动的小人或动物，进而有打人毁物、狂奔乱跑，甚至出现伤害行为。毒绳伞、豹斑毒伞的误食者则会出现呕吐、腹泻、出汗、流泪、心搏减慢等副交感神经症状。这类中毒病人经治疗后就可以恢复，且无后遗症，死亡率很低。

第三种是溶血型。进食毒菌 6 ～ 12 小时后，除有胃肠炎型表现外，还有贫血、肝肿大等症状。如鹿花菌就可能引起此类症状，但其所含毒素加热到 100℃就可被破坏。

第四种是多脏器损伤型。在进食毒菌 10 ～ 30 小时后，先有胃肠炎型表现，然后出现肝、脑、心、肾等多脏器损害的情况，以肝脏损害最为严重，部分患者还伴有精神症状。此类病人病程 2 ～ 3 周，由于先期症状是胃肠炎表现，往往容易被误诊，又因为会出现病情反复，有时还会中断治疗。引起此类中毒的有白毒伞、毒伞、毛柄白毒伞、鳞柄白毒伞 4 种菌子，它们在云南全省都有分布，且误食后死亡率极高，占云南省菌子中毒死亡病例的 90% 以上。

（2）野生菌中毒应对

食用野生菌后如出现恶心、头晕、呕吐、看东西不明或幻视、幻听疗状，应立即采取以下措施：

①立即拨打急救电话，及时前往医院治疗。在吃了食用菌 10 分钟～ 72 小时内，如果感到头昏、恶心、呕吐、腹泻或有其他不适，基本原则就是就快、就近到医院就诊，对于没有就医条件，或者情况紧急，在等待医生来的过程中，病人可先采取一些方法减轻毒素的损害。

②万一来不及就医，应立即采用简易的方法进行催吐、洗胃、导泻处理，可大量饮用温开水或稀盐水，然后用汤勺等硬质东西刺激喉部，尽快排除体内尚未被吸收的残菌或减缓有毒物质的吸收，减轻中毒程度，防止病情加重。

③如果反应是在吃菌后6小时内发生的，毒物仍然停留在胃里，还未被吸收到血液中，这时可以先采取催吐、催泻的方法使毒素尽快排出体外，具体方法是用鸡毛、筷子、手指伸进口中刺激咽部，喝下大量的盐水或服催吐药物也可以帮助呕吐。如果病人吃了毒菌后没有腹泻反应，体质较好的可用导泻的方法，体制较差的可用温盐水或肥皂水灌肠。

④喝水对稀释毒素在体内的浓度有一定帮助。让患者饮用少量盐糖水，补充体液，防止中毒者脱水导致休克。

⑤对已昏迷的患者不要强行向其口内灌水，防止窒息。

⑥保留野生菌样品供专业人员救治参考。就诊时最好携带吃剩的菌子或未烹饪的新鲜菌，并向医生说明菌子的来源、烹调方法、进食数量等，以便医生根据毒素的不同进行有针对性的治疗。医生治疗可能还会采取洗胃、输液等方法，洗胃后病人可自服2～3个鸡蛋清以吸附残遗毒物，输液则是为了稀释和排除部分毒素，病人应予积极配合。

第九章

旅游购物安全防范与应对

旅游购物是我国旅游活动六个环节中最薄弱也是最有发展空间的环节之一。然而，自我国旅游业实现了从“政治服务”向“市场经营”转型以来，关于旅游购物问题始终是旅游业的热点问题。一方面，在旅游业中，“购”的需求和供给弹性较强，旅游购物具有广阔的发展空间，并能对整个旅游经济甚至国民经济的发展产生不可估量的推动作用，旅游购物的发展是旅游业成熟的标志；另一方面，旅游购物始终是我国旅游产业结构中的薄弱环节，经常存在一些问题破坏良好的购物产业环境，每年我国各地都会有因为旅游购物引起的民事纠纷，给美好愉悦的旅游带来不快，甚至威胁游客安全。在加强旅游购物行业安全管理的同时，游客也应加强购物安全学习，睁开“雪亮的眼睛”，提高警惕，增强旅游购物的安全意识。

一、事件回放

（一）强制购物

2015 年 3 月 14 日，谈女士一行 4 人在湖北黄石一家旅行社报了团，准备参加 25—30 日的某省 5 晚 6 日游。在签订旅游合同前，旅行社向谈女士等说明，该旅游团并不是购物团。然而 4 人到达某省后，情况瞬间发生了变化。

到达省会城市后，一位当地导游接待了旅游团。旅游途中，导游带他们去了许多购物店。每去一站前，导游都会苦口婆心地游说游客们进行消费。导游一边说当地的产品品质好，一边告诉他们他没有工资，全靠游客消费才有收入。除此之外，游客消费后，导游还要登记消费金额。对于不愿购物的消费者，他表示不愿接待。

在导游压力下，谈女士等在一家玉器店购买了5只玉手镯，共计31 826元。然而，等4人结束旅游回到家后，专家的鉴定给他们当头泼了一盆凉水。他们拿着这些镯子到当地一些商场和珠宝店进行鉴定，内行人说他们购买的玉器和市价不符，在当地的珠宝店以一折的价格就能买到。对于这次购物，谈女士等感到心痛万分。

（二）旅游购物小心“坑”

2014年央视《是真的吗》报道“九寨沟跟团游‘强制购物’变身‘温柔一刀’”。

有网上爆料说：曾经的强制购物在改头换面后又死灰复燃。网民详细揭秘九寨沟旅游购物陷阱：“游客参团，上车之后导游就开始推荐自费项目，购物之类的，九寨沟所谓的高原水晶、玛瑙、玉石……这些旅游商品都是假的，没有一样是真的。”《是真的吗》记者亲身体验九寨沟、牟泥沟汽车三日游。记者体验后发现，号称无自费、不进店的行程里，安排了 2 个自费项目、5 次购物，购物时间超过 5 个小时。

表面上看导游没有强制购物，但游客在精心设置的诱导下，很难不消费。在游客进店购物之前，店家都会发给游客一张所谓“诚信卡”或者专门的购物袋，这些卡上和购物袋上都有相应的编码，编码用来给导游积分。而所谓的导游积分即是提成收入。

记者在大唐林卡购物点买了一串碧玺手链，经中国地质大学珠宝学院副院长现场鉴定和国家首饰质量监督检验中心专业检测证实：这条碧玺手链并非纯天然。专家称这条手链价值不会超过 200 元，而记者花了 4 900 元，相差 23.5 倍。

（三）免税“黑店”购物陷阱

随着出境赴日本旅游的中国游客人数激增，近年来频频曝出中国游客上当受骗案例。虽然媒体多次报道日本一些免税店的购物陷阱，但受害游客不减反增。经多方查证、现场调查后发现，保健品骗局转战海外，无良免税店与地接旅行社合唱双簧，专门瞄准团体游客，通过洗脑宣传、制造火爆购买假象、拒绝退货等手段，一步步将其引入精心布置的高额免税保健品购物陷阱。

2016 年春节前，张先生一行四人随团赴日本旅游。2 月 1 日，在地接旅行社日本东瀛假日旅行社导游带领下，他们乘坐大巴前往东京新宿 A & S 免税店购物。途中，该导游利用所谓电视台宣传照片等资料，向车内游客宣扬纳豆精、万步力等产品疗效，称其对高血压、关节疼痛等有显著改善作用。在经过店内导购一番推销介绍后，张先生消费 91 万日元（约合 5.5 万元人民币），其中 1/3 于购买第一酵素、深海鲛等所谓特效药品。

当晚张先生抵达酒店后，在网上对第一酵素等产品进行搜索，发现不少差评，甚至有网友称“上当受骗”，于是包括张先生在内的该团 23 名游客便跟导游交涉要求退货。

据张先生介绍，地接导游在得知他们要退货后极力阻挠，甚至威胁称要记他们“脱团”，影响其日后签证申请。在报警获得警方协助后，该张姓导游才勉强答应带他们退货。

退货时，号称是该店店长的人矢口否认卖出产品为“药品”，称只是“健康食品”，并以货物已售出概不退换为由，拒绝退货退款。但根据张先生提供的录音，导游在事前宣传时，口口声声称免税店里卖的是“药监局的药，药局专卖的药，买它可以救命”，还称“没有副作用，4 瓶一疗程，吃一个疗程可以保持 5 ～ 10 年”。而且，这些商品盒子上，也都专门印有“药局专卖品”字样，有意误导中国游客。殊不知，日本根本没有药监局这一机构，导游故意用此称谓蒙骗中国游客。还有一点要指出的是，日本的药局（即药店）不仅卖药，也销售各类保健品。

据了解，第一酵素、纳豆精、深海鲛、万步力、超级玻尿酸等免税店高价保健品皆出自“第一药品”，其产品专柜就设在 A & S 免税店 6 层入口处。

令人不解的是，明明销售的是“健康食品”，该专柜打的却是“第一药品”的牌子。记者经调查后发现，所谓“第一药品”并非制药公司，而是以贩卖健康食品、基础化妆品为主的零售店，这一点在其官方网页中写得清清楚楚。

游客张先生还发现了奇怪的现象，前一天上午购物时门庭若市，甚至在收银台前排起长队的免税店，第二天退货时却是门可罗雀——除了店员外，顾客寥寥无几。

“后来我才意识到这个套下得有多周密。所有的导游都特意选在上午 10 点前后带团抵达免税店，因此店里才会同时聚集两三百人，造成火爆抢购的假象，”张先生说，“导游在路上还特意给我们指了指第一酵素在新宿街头的广告。”

二、旅游购物事故原因

旅游购物是旅游活动的延伸，是旅游活动中必不可少的环节。虽然经过多年的发展，我国购物旅游取得了较大的进步，但是也存在购物环境差、市场混乱、上当受骗等诸多问题，引发此类问题有多种原因：

（一）旅游购物资源开发认识不足

在观念上，我国的旅游发展开发注重景区的开发，而忽视了旅游商品的开发创新，对旅游购物的相关产品的研发营销意识相对薄弱，没有充分认识到旅游购物研发的重要性。各级管理部门没有把旅游商品的开发创新纳入旅游业的发展计划中，没有把旅游购物当作一种可以开发的宝贵资源；旅游购物的开发难以形成规模化、系统化、产业化。同时，许多景区的经营者，把大部分资金投放到对景区本身的开发扩建上，从而忽视了旅游购物产品的研发。许多购物产品的生产厂家由于资金技术等方面的原因，对优质的旅游购物商品的研发热情度不高。

（二）市场秩序“混乱不堪”

我国绝大部分景区，旅游商品的购物环境差、设施相对简陋，很难对游客形成较强的吸引力。有些景区的购物环境非常混乱，甚至出现小商小贩、强买强卖，不仅严重影响了景区的正常经营，更破坏了游客的购物及旅游心情。同时，景区销售产品质量参差不齐，开具的发票也不正规，经常遭到投诉。市场监管力度不够，导游回扣现象普遍存在，使游客对旅游购物产生抵触心理，降低了游客购买欲望。

（三）饱腹靠“回扣”

旅游团经常会有导游与旅游商品销售商相勾结、欺骗游客等现象。还有些导游为了索取回扣，随意增加购物次数，使游客产生抵触情绪。所谓导游回扣是指在旅游业务中，旅游产品的供给方为了销售商品而给导游的各种名目的好处费，这部分收入既没有如实入账，又没有在合同或者其他协定中公开约定，从法律角度看属于商业贿赂。导游通过降低旅游服务质量这种最便捷的方式来平衡这种不对称，如通过减少游览时间等各种手段来增加购物时间，使自己获得应有的报酬，这样的举措导致游客的投诉越来越多，对旅行社也逐渐缺乏信任感，对于旅游购物更是产生了排斥心理。

（四）缺乏品牌产品，缺乏特色

目前，全国旅游市场都面临着一个相同的问题，旅游购物商品雷同，很少有品牌商品，缺乏代表地区特色或者景区特色的商品，没有创意，只强调硬件上满足，忽视购物设施的文化性特征，游客置身其中，很难体会到当地文化氛围。许多旅游商品生产者多数都规模较小、实力弱，无法承担新产品开发失败的风险，从而使旅游购物商品种类少品种单调、款式陈旧、缺乏特色，无法提高游客购买兴趣，进而影响整个旅游购物市场的可持续发展。

（五）旅游购物商品质量差

根据调查发现，许多旅游购物商品不仅雷同、缺乏创意，而且价格虚高，市场价格混乱。以假冒真、以次充好、“三无产品”

等旅游购物商品充斥市场。但由于购买对象的流动性、所购买产品的异地性、经营者素质水平不高等因素影响，导致旅游购物商品质量不高，价格虚高，严重影响旅游购物的发展。

三、旅游购物安全防范

防范旅游购物陷阱是旅游出行的必做功课之一，防患于未然，既保证游客自身利益不受侵犯，同时也为旅游出行带来一个好心情。游客应提高警惕，加强防范，避免上当受骗。

（一）旅游购物安全防范措施

1. 不轻信流动推销人员的商品推荐

（1）由于小摊位物品真伪及质量难以保障，尽量不要在小摊位购买物品。

（2）遇有推销某种商品，说得天花乱坠时，一定不要轻信，请绕道走远。

（3）要时刻保持头脑冷静，思考该商品是否真的物有所值。

（4）如必须购买，要看好再与商家讨价。无意购买时，不要向商家问价或者还价，以免发生争执。

（5）如果购物，一定要当场向经销者索要正规发票及质量保证凭证。

2. 了解行情，货比三家

若要购物，要尽量先考察一下当地市场，对想要购买的物品价格有大体了解。如果导游所引领的商店价格奇贵，不妨此处不买换一家商店再买，注意要去正规商店或管理比较规范的市场买东西，尽量不要在零摊上买。购买较贵重的物品时，应事先问明可否退换，以备货比三家后发现较大价格差异时退货。

在中国香港和新加坡，旅游局都选择一些货真价实，价格公道的商店颁发标志，中国香港为红帆船标志，新加坡为鱼尾狮标志，游客尽量到有这种标志的商店购物。

3. 细心鉴别商品真伪，不要急于付款购物

购物时，要注意商品质量及价格，细心鉴别商品真伪并向商家索取正式发票。如果消费者要到旅游购物点购物，特别是在购买金银、珠宝首饰等贵重商品时一定要慎之又慎。即使要购买，不仅要索取发票，还要要求商家在发票上注明材质、规格、款式、重量、产地和价格，别忘了索要商品的合格证和保质单等。外出旅游若要购买一些土特产品，最好到当地大型超市或农贸市场购买，那里的东西不仅便宜而且货真价实。在购物时应保持理性，尽量购买平日了解价格的商品，并索要购物正规发票。

4. 购物时切忌贪便宜

在某些风景区，经常可见有兜售假冒伪劣商品的，如珍珠、

项链、茶叶之类，游客要经得住价格和叫卖的诱惑。有时自以为捡了便宜，回来后经过一番鉴别，大呼上当者也不在少数。

（二）识破陷阱，加强防范

陷阱一：老板跟谁都是老乡

“你们是哈尔滨来的游客吧，咱是老乡呀。老乡见老乡，两眼泪汪汪，咱这是缘分呀。”一个到武夷山旅游的旅游团刚走进一个玉器店，就被一个南方口音的老板给蒙住了。

这还不算完，刚刚进店就被让进老板房间的游客根本没来得及买玉，老板却勒令售货员给游客们退货，“你们买的全能退，自家店要嘛您说话，我就收本钱，这是咱老乡的一份情意呀。”老板的这通忽悠真让大伙信以为真了，全拿老板当了“亲人”。“把那套 12 生肖的珍藏玉石给这位大娘拿来，标价 1 000 元，您就给 100 块，赔了赚了您别管，赶紧收起来，咱这是亲情加感情。”

送走了哈尔滨团，一个南京团又在导游的带领下走进了玉器店，哪知这个刚才还自称哈尔滨人的老板却突然改口，跟南京人成了“老乡”，还是那套台词。

陷阱二：全国各地都“产”玉

身为旅游一族的王小姐到过不少地方旅游，可每到一处都会被导游拉到玉石加工厂，不论在哪儿，导游都说这里是名副其实的玉石产地。王小姐说，起初，对于导游的话，她还是深信不疑，到内蒙古旅游，买了几百块钱的玉石，到九寨沟旅游，又在导游的“教唆”下买了大大小小几十件玉器，可久而久之，王小姐发现，如果按导游的引导买下去，全国各地就都产玉了。

和王小姐有相同遭遇的游客们不在少数，山西出玉石，海南出玉石，北京出玉石……导游们亦幻亦真地介绍，而游客们则无一不是大包小包地买了不少各地“玉器精品”，可回来找专家一看，所谓的精品玉器全都不值钱，最后落得个“花钱买教训”，而那些“精品玉器”就不知掖在哪个柜子里压箱底儿了。

如新疆、西安、云南等地，导游一般会带你到一个经过专门机构认定的所谓资格的商店去看当地最出名的玉器，在海南则是看珍珠和珍珠粉。每一样都是经过专门鉴定了的，还有证书，然后还会教你如何鉴定、识别玉器的好坏。在买的过程中，经常会出来一个你的经理老乡来和你聊天，大曝黑幕，然后再以老乡的名义豪爽的给了你一个超低价，让你觉得捡了一个大便宜暗自庆幸。反正黄金有价玉无价，没几个人能知道实际价格应该是多少。至于什么各种钯金、钛金之类带金的东西就更多了，反正大家越搞不懂的东西越好忽悠。三亚有过一条卖价 1 600 元的珍珠项链有人是以 120 元买下的，至于有没有买贵就不知道了。

专家提示

玉石仿制屡见不鲜，游客在购买时须谨慎：

1. 合成绿水晶仿高档碧玺

区分合成绿水晶与碧玺也是要在专业实验室才能准确鉴定，建议消费者在购买这类产品的同时，索要由权威机构出具的鉴定证书以及发票，以维护自己的权益。

2. 人工材料仿古玉

业内人士称，其实仔细观察此类产品就会发现其底部多可见倒模口，硬度大多比较低，小钢刀可以划动，而真正的和田玉用小钢刀是不能划动的。

3. 玻璃或塑料仿其他珠宝玉石

这类样品一般在销售时多以玉石、宝石等含糊的名称来误导消费者。玻璃及塑料制品有各种颜色，也可以做成猫眼、星光等，在外观上很能以假乱真，一般需要通过专业检测才能准确鉴定。如果消费者在自己购买的珠宝首饰上发现有肉眼可以看到的气泡，那么这件首饰是玻璃或塑料的可能性就非常大了。

4. 优化处理翡翠仿天然翡翠

在一些玉器翡翠展销摊位上，往往只有一个翡翠A货的证书在展台当样板，消费者购买的样品并未附检测证书，因此查验证书时一定要仔细检查证书所检测的样品与实物是否一致。

陷阱三：卖你“吉利”比货贵

春节外出旅游买个花瓶图个平安和吉利本是件好事，可到海南旅游的孙先生一家却遭遇了精明商家的“连环套”。

孙先生和旅游团外出购物时看上了一个样式不错的花瓶，标价200元，最后经过讨价还价，孙先生以60元的价格购得了这件心爱物。但就当孙先生为此沾沾自喜的时候，售货员小姐说话了，“先生，买个这么漂亮的花瓶，怎么也得配个瓶托呀，再说了，您也得把这份平安托稳了呀。”孙先生一琢磨，售货员小姐的话说得有道理，“行，就听你的，再来个托，帮我挑个漂亮的，得配得上我这瓶呀。”这边瓶托还没挑选完，又一个售货员小姐凑了过来，“先生，您买了个这么漂亮的花瓶，又配上了瓶托，按我们当地人的习俗，有好瓶就得有好盒子装，叫把平安装起来，这样您再把花瓶带回家，所有的平安就都装在里面了，多吉利呀。”听了售货员小姐这么一说，孙先生心里又犯起了痒痒，“话说得也对，反正都买了，还不如一气买全了呢。”抱着“上当就一回”的心理，孙先生接受了两位售货员小姐的建议。

花瓶配好了瓶托，装进了漂亮的盒子，孙先生一打量，确实增色不少，可一到收银台结账，孙先生傻眼了，一共300多块，自己砍了半天价等于白砍不说，还得搭进去100多元。抱着这个高价花瓶，看着售货员小姐的张张笑脸，孙先生说他真是有苦难言呀。

陷阱四：烧香拜佛

很多旅行社不会把烧香拜佛当成一个购物点，很多游客也没把这个当成一个购物点，但实际上很多旅行社利用这种心理，把烧香拜佛说成是一个旅游景点，让很多游客不知不觉中掏了钱还不明白。这种情况一般都在不是特别著名的寺庙，如在海南、云南旅游，导游一般都说这里的菩萨很灵，带大家去拜一拜，还可以免费求签，“高僧”免费解签。签确实是免费的，但是解签后，“得道高僧”往往会建议你去请一炷到几炷不等的香，而请香是要给钱的，你如果虔诚，几百大洋就可以做功德了。如果恰逢寺庙在搞一些活动，专门制作了一些不是一般人能请到的香，那更得要小心了，如果一不小心真给你请到了，不知道该说你运气太好还是太差。当然，你实在是不愿意请香，也是没人会强迫你的。据说还有的寺院借请佛开光、给人诵经等方式让人掏腰包。

陷阱五：购买药材

在四川比较常见，一般是带去买川贝、虫草、蜂蜜等，在海南则是带去买蛇药，还是经过所谓专门认证过的地方，假一赔十。导游就抓住人们愿意为健康花钱的心理，往往还是会卖出不少。有些东西还是不错，只是价格上比药房贵很多。但有些则不然：提取过有效成分的藏红花，用色素染色后继续售卖；面粉加黄花菜根用模具黏合后，竟制成“冬虫夏草”……据有关食药监部门负责人介绍，检查中发现的这些假药，多来自网络销售或者旅游景点内的不法商贩。

食药监部门查获的假冒伪劣药品五花八门，中药、西药都有，伪劣药品仿冒的对象既有名贵的人参、虫草，也有几块钱、十几块钱一盒的西药。检验人员把真假两盒“阿托伐他汀钙片”放在一起，肉眼看几乎一模一样，但经检测，“冒牌货”所含有效成分竟然是零。这些都是无资质药店出售的，游客旅游购药千万要当心。

“还有一些游客外出旅游，旅游景点上的商贩往往会兜售当地特产‘名贵药’，这些往往是陷阱。”检验人员介绍。查获的假药，如“金钱白花蛇”，是用赤链蛇的幼蛇冒充，还有的冬虫夏草，竟是用胶水把形似虫草的其他昆虫拼接起来，然后染色增重，以假乱真。“游客肉眼很难分辨，而且受到贪图便宜的心理作祟，往往上当。”食药监部门负责人提醒，最好的办法就是别买。

陷阱六：购买茶叶

1. 免费茶“盛情”难却

游客去购买茶叶的时候会发现，许多商家都会推出让顾客免费品尝的服务。但免费品茶是未买茶叶先欠人情。如果喝了半天最后还是不买，商家立马会拉下脸来，在这样尴尬的心境下，还讲什么货比三家？

专家提示

买茶的时候，最好不要进入商家的茶室品尝茶水，如果想要品茶，可以提出向商家提出交品茶费，这样消除免费品茶给消费者带来的心理压力，打破买茶免费品尝的行规，茶叶论克销售品尝，尽管这种收费只是象征性的。这样，消费者只需几分钱、几毛钱买两三克茶叶，就可以心安理得地敞开品茶了，甚至品尝售价两三千元的极品茶叶也不过一两块钱。

2. 化妆茶中看不中喝

根据我们国家的绿茶制作标准来看，绿茶是不可以着色、染色的，不得添加任何非茶类物质，当然也绝对不允许添加色素。通常添加色素的绿茶质级较次，不法商家通过添加色素改善茶叶的卖相，以提高价格。色素中的重金属对人体的神经系统有毒害作用，色素中含有的某些有机成分，则会对人体的血液功能造成危害。

专家提示

在买茶叶时，要谨慎购买色泽异常的茶叶，可通过“看、闻、尝”三招对茶叶进行辨别。首先要看茶叶本身是否饱满，颜色是否鲜明，没有被染色的茶叶泡出来的茶汤清晰见底，而染色的茶叶泡出来的茶汤浑浊，颜色浓烈；染色加工的茶叶气味异常，自然的茶叶有一股淡淡的茶香；在口味上，好茶叶能够真正让人生津止渴，而质量差的茶叶则会让人越喝越渴。

3. 流动茶好买难退

想必很多人都见过穿着少数民族服装、挑着茶叶筒的“卖茶女”，这些流动的茶商，往往打着“没有店铺租金、自产自销”的旗号，向路人推销茶叶。当人们把这些貌似物美价廉的茶叶买回家后，就会发现这些茶远不像卖茶女吹嘘的那样好，多数是以次充好，甚至有的是把冲泡过的茶叶晒干后再加工的“翻新茶”。但因为她们的流动性大，等你发现上当受骗想退货，就再也难觅其行踪。

专家提示

尽量到正规的、有信誉的商家购买，并注意包装上的生产厂家、保质期等内容，同时保留好销售凭证。尽可能避免到一些路边小店和流动小贩手中购买来路不明的茶叶。

4. 保健茶不是谁都可以喝

茶本身就具有若干保健功效，例如提神清心、清热解暑、消食化痰、去腻减肥、清心除烦、解毒醒酒、生津止渴、降火明目、止痢除湿等。保健茶是茶叶中添加了某些有益于健康或能治疗某些疾病的中草药或食品的复合产品。严格意义上讲，保健茶属食品一类，属保健食品或功能食品，不属于药物。

但目前某些保健茶夸大其词地宣传其治疗作用，游客需要小心。一些清肠类保健茶在宣传单上称，其产品通过清“宿便”能修复女性纤美的形体，清除面部斑点、皱纹，消除心情烦躁、失眠、口臭、厌食、乏力、痛经等症状，还暗示该产品能避免老年人的高血压、心脏病、半身不遂等。

专家提示

保健茶对症饮用，肯定是有益于健康的，由于保健茶不是药物，不能指望单纯依赖喝保健茶就能治疗疾病，它只能作为其他治疗方法的一种辅助手段。因为保健茶中具有功效的成分是少量的，作用是轻微的，只有长期坚持饮用，才能见到实效。清肠类保健茶只适合便秘患者，健康人如果经常喝茶通便，反而可能导致脾虚。

四、旅游购物安全应对

在旅游过程中，遇到导游强制购物，或购买到假冒伪劣商品，游客该如何应对。

（一）合理维权

对购物不感兴趣，导游却不断带团进商店，行之有效的对策就是坚决不买。如果所有团员都不感兴趣，可以向导游提出。

各地旅游局对旅游购物都有规定，比如某省旅游局有明确规定，每天购物不超过 1 次，每次购物不超过 40 分钟，您可以此要求导游不要违反规定，否则有权投诉。

最重要的一点，任何人不能强迫您购物，不能强迫您消费，也不能诱骗您购物。一旦发现所购买的是假、冒、伪、劣商品，或质价不符商品，只要能出具发票或证据，均可要求退还或赔偿您的损失。

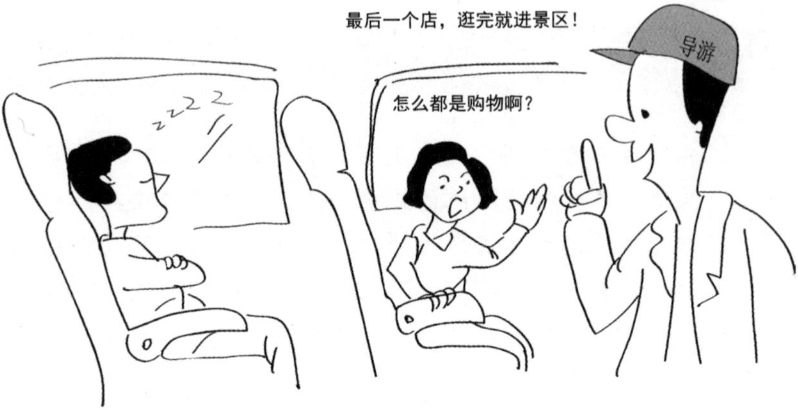

（二）旅游买赝品维权方法

游客林先生参团旅游，被导游带到一家和田玉专卖店购物。在店员的推销下，脑子一热购买了一个上万元的和田玉器。拿回家后怎么看怎么不对劲，就找了专业人士来鉴定，结果被鉴定为假的。旅行社说购物是自愿，去找那家商店也不知道在哪里，遇到这种情况该怎么办？

专家提示

拿着鉴定报告、购买发票、旅游合同到旅游局举报景区购物中存在的欺诈行为，找不到商店可以委托有调查权利的人如律师等，前往景区当地工商局，通过工商调查就能获知商店的基本情况，如企业名称、法定代表人、股东、经营地址及法定代表人和股东的身份信息及联系电话，掌握这些基本证据有利于维权活动的有效开展。

（三）购买瑕疵产品退货应对

游客金先生在一个景区购买了一把 3 000 余元的饰品刀，当时是邮购回来的。可是签收后打开一看，这把刀刀锋生锈。对此联系景区要求退货，对方表示退货可以，但是中间的邮递费用要金先生来承担，金先生想他们有错在先，为什么让自己来承担邮费。遇到这样的情况该怎么办？

专家提示

旅游购物合同纠纷，维权的正常途径是向旅游局举报，为了便于旅游局立案受理，旅游购物人有责任、有义务向旅游局提供相关的证据，如购物发票、物品照片，大额购物应该申请司法鉴定机构出具书面鉴定结论，以便在提起诉讼时有充分的合法证据，就金先生遭遇的情况来说，由于商品有瑕疵导致的退货，邮递费用应该由商家来承担。

第十章

旅游盗窃事件防范与应对

旅游盗窃事件是指在旅游过程中，自己的财物、证件等物品被盗窃的事件。

忙碌的工作之余，能够外出旅游是件开心愉快的事情，在一切行程都规划妥当并快乐出发之后，旅游途中最重要的就是自身安全，没有人会希望遇到被偷被抢。因此，在旅游途中，游客应增强防范意识，看管好自己的财物，防止被盗。

一、事件回放

（一）旅游住宿盗窃

案例一：撬门、捅门入室盗窃

2013 年 7 月 14 日，家住吉林的刘女士与三位朋友组团到长海大长山岛游玩，次日 22 时许，当她们有说有笑地回到住地时，被眼前的场景惊呆了，房门被撬开，房间内凌乱不堪，衣物被翻的满地都是，两人的手提包也没了踪影。经仔细清点，刘女士的 1 个数码照相机、1 部手机和 3 300 元现金，以及窦女士的 1 部手机被盗，总价值 6 300 余元。在朋友的提醒下，刘女士赶忙拨打“110”报了警。

案例二：房门未锁有机可乘

1996 年 10 月 20 日，谭某在某市湖滨大酒店住宿，出门未锁房门，没多久回来时，手提包已经不翼而飞。包内装有照相机 1 台，人民币 500 元。

1998 年 10 月 19 日 18 时，杨某住某饭店 1 号楼 403 号房间，在去卫生间的过程中听到有人开门进入房间，以为是服务员，并未在意，后杨某从卫生间出来发现物品被盗，损失总价值 2 080 元。

2008 年 9 月 11 日，长春游客曹某住在某酒店 603 号房，将近凌晨1时才入睡，睡前特地将房门锁上（没注意门搭扣已坏），早晨醒来发现门半开，放在电视机柜旁黑色皮包被盗，损失现金15 000元。

2014年7月15日，包某在某酒店509房因去隔壁同事处串门忘记锁门，犯罪分子趁机进入房间，盗走5 500元。

2015年10月22日，广东游客李某在宾馆普通房住宿，认为浴室在同一层很近，不锁门不会出问题，结果损失人民币1 800元，手机1部。

案例三：室内 “卧虎藏龙”

2013年8月15日，游客王某入住某宾馆。由于旅途劳累、准备洗澡休息，此时听见屋里有异常响声，从卫生间门缝中看到有人正推门而出，立刻穿上衣服从卫生间出来，发现财物被盗，损失人民币 20 000 元。此间房门、窗子上锁完好，经调查发现是罪犯提前进入房间潜伏，待王某洗澡无暇顾及时，便进行偷盗。

案例四：开门技巧“各显神通”

2014 年 9 月 25 日，游客陈某下榻某酒店 304 号房，失窃人民币 2 500 元、手机 1 部。后经调查发现，门洞被人塞进卫生纸，出门时仅仅带上门而没有锁住，罪犯轻易开门入室行窃。

2016 年 5 月 13 日下午，家住九龙坡迎宾大道的吴女士在下班回家后，发现家中 200 元现金及一瓶飞天茅台被盗。事后，吴女士立即向九龙坡警方报了案。经检查，吴女士家中门窗完好，并无撬开或损坏的痕迹。原来，两名窃贼在网上学会了用插片开锁，通过反复的练习，仅用一片塑料插片花 10 秒钟，便轻松打开了吴女士家房门。

案例五：同室作案防不胜防

2014 年 1 月 9 日，游客程某入住某酒店 413 房，进入房间后发现房间内已经入住了一名“僧侣”装扮的人，心里先入为主地认为出家人一心向善，便没有丝毫防范，甚至吃饭都邀请其一起，去卫生间时还让其代为保管行李。结果外出办事返回时“僧侣”不告而别，程某包内人民币 2 000 元、照相机 1 台被洗劫一空。经调查发现，该“僧侣”为窃贼所扮，目的就是以此身份消除人们的防范心理。

（二）服务人员作案

1993 年 4 月 12 日 14 时，中青旅全陪杜先生陪英国旅游团抵达西安某饭店。全团经过简单的休整后，定于 15 时在大厅集合，驱车前往大雁塔参观游览。当全团集合完毕准备登车之际，杜先生突然想起自己的“司机袋”忘在了房间的写字台上。因为袋子里装有 2 000 元人民币以及证件等贵重物品。于是他急忙转身向房间方向走去。而就在他快到房间门口时，1 名服务员从房间走出来，杜先生问服务员：“你有事吗？”服务员说：“没什么事。我刚把电视机的频道调好。”杜先生说了声谢谢就进了房间，他看到司机手袋还在写字台上，便顺手提起，习惯性地打开手袋数钱，结果发现里面少了一张面值 50 元的人民币。经查，丢失的 50 元人民币正是之前进过房间的服务员所窃。

（三）停车间隙财物被盗

2004 年 4 月，某国际大旅行社组织接待了来自法属留尼旺的华人企业家投资旅游团，该团以在中国主要城市考察投资环境为主，顺便在中国旅游。

旅游团在结束了青岛的旅游考察之后，按计划行程前往连云港。按计划该团应在连云港经济开发区的香格里拉饭店与连云港地接社交接，因为中餐安排在新浦区，就改在新浦区某餐厅进行交接。经全陪、领队、地陪、司机商定，由于一路辛苦，客人先去餐厅用餐，由连云港地陪及领队负责安排；全陪与青岛送团地陪再加上 2 个司机，4 人把客人们的 18 件大件行李（含 2 个手提箱）从青岛的车上搬到连云港的车上，等到饭店后，发现有 5 位客人丢失了行李。检查旅游车行李箱时，发现锁被撬，说明旅游车停靠在餐厅时行李被盗。经连云港新浦区刑警大队现场调查，旅游团在搬卸行李时已被罪犯盯住，盗窃团伙利用大家吃饭的时间将行李盗走，然后用机动车迅速运走。

（四）乘车船被盗

李先生是背包游一族，他选择乘坐公交车前往某景区。上车后，李先生用手机打了一个电话，等到南市站时，李先生突然发现手机不见了。就在这时，又有 2 名乘客发现钱包失窃，其中一男子的裤子还被划出一个大口子。几名窃贼被民警抓获后，在派出所向民警交代了他们的犯罪过程。“我们的刀片锋利无比，是经过特殊加工的，在作案时受害人根本不会发觉，也绝对不会伤害到受害人。”一名窃贼说，他们会根据现场情况来判断是否需要用刀片，“这是个技术活，就跟厨师在气球上切肉丝一样，是非常讲究技巧和力度的，没个一段时间是练不出来这门‘手艺’的。”

（五）购物被盗

赵女士和丈夫在某旅游景区购物时相中一件男士风衣，丈夫试衣服时，随手将装有钱包的外套递给赵女士，可当两人准备掏钱买衣服时，却发现钱包不翼而飞。

一名中国游客在亲友陪同下，来到位于美国曼哈顿的一家名品服装店购物，几经挑选正要付款结账时，该亲友发现背包内装有的 8 000 元现金不翼而飞，随后立即报警。由于当天该店内人流密集，当时只顾着选购物品，来不及反应就被人偷了钱包。

二、旅游被盗原因

随着社会经济的高速发展，商业日益发达，生活水平逐步提高，人们外出旅游的步伐也逐步加快，随之而发生的旅游盗窃事件也逐年增多。究其根源，既有深刻历史原因，也有复杂的社会原因；既有主观原因，也有客观原因。

（一）犯罪分子心理因素的原因

我国实行改革开放三十余年，生产力发展了，经济增长了，人民生活水平也普遍提高了，相当一部分人致了富，过上了小康的生活。但是也有一些人钻了改革开放的空子，靠歪门邪道发了财，这就使一些人心理失去了平衡，产生了不服气的思想；一些地区由于历史、环境、地理等多方面的原因，经济还不够发达，一些人不是穷则思变而是穷则思窃；还有的人由于文化水平低、道德素质差，法律意识淡薄，好吃懒做，不愿靠勤劳的双手创造财富；受一些媒体影视剧中盗窃画面的影响，一些人效仿后予以实施。

（二）“网漏”何以“捕鱼”

社会治安综合治理，推行“管好自己的人，看好自家的门”等一系列安全防范措施，在一些地区、一些部门得不到落实。有些单位安全防范制度、值班门卫制度如同虚设，唱空城计，“铁将军”把门的情况屡见不鲜，致使防范工作出现许多空当，犯罪分子进出自由，盗窃财物每每得手。

（三）游客安全防范意识淡薄

盗窃犯罪多是犯罪分子趁人不备窃取他人财物。由于游客的防范意识差、没有可靠的防盗措施，就给了犯罪分子可乘之机。如游玩过程中，只顾欣赏风景而未注意身旁有人伺机盗窃；购物时人多拥挤，只顾着挑选商品而未看好包物；上车后一身疲惫倒头便睡，忽略了财物的安全；入住旅店后不检查房间安全，不随手关门，睡觉不关好门窗，将贵重物品和大量现金随处乱放；甚至遇到窃贼时，为保全自己的安全，不敢吭声，正不压邪等；这都无形中给窃贼壮了胆，提供了更多下手的机会。

三、旅游盗窃防范

在旅游过程中，窃贼可谓手段新颖、方法多样，让人防不胜防。可能出现在每个角落，也可能出现在每个时间段。归纳起来，旅游过程中被盗的可能性较大的主要存在于住宿、乘坐交通工具、游玩购物几个环节，游客应采取相应的防护措施，避免自己的财物被盗，影响行程。

（一）住宿防盗

旅客在住宿时，由于窃贼事先潜伏在室内、旅客房门未锁、窃贼采用各类工具破门而入等原因，容易发生被盗事件。游客应将贵重物品整理好或寄存起来，防范外来人员或工作人员的见财起意。尤其是游客与陌生人同住一室时，要对其他人心存一丝戒备。

1. 溜门入室

所谓溜门入室，是指犯罪分子趁人不备溜入他人住所、窃取财物的犯罪手段，这种手段由于具有很强的隐蔽性和突发性，常常令人防不胜防。

（1）犯罪特征

①大多数为单独犯罪，有利于隐蔽不被发现。

②犯罪时间大多在白天。

③犯罪时间一般很短，不超过 10 分钟。

④通常进入门上无锁的房间。

⑤一般不使用开门工具。

⑥通常选择光线昏暗、人员流动较少的安静场所。

⑦通常选择熟悉的场所，了解游客活动规律后作案。

⑧罪犯通常通过询问交流的方式确定房间内是否有人。

⑨罪犯选择侵入对象时，通常选择容易进入、逃跑的房间。

（2）防范对策

①游客外出游玩并带有大量的财物时，应尽量选择管理规范的宾馆，避免住在偏僻的街边小店，不得已住在此类小旅店时，要预先将贵重财物寄存起来，以免遭受不必要的损失。

②进出房间随手关门并用钥匙加锁，临走要检查门窗是否关好。

③进入房间后应检查门锁功能是否完好。

2. 预先潜伏

预先潜伏是指盗贼预先藏匿在熟悉的酒店房间内，待旅客进卫生间或出门时实施盗窃，这种犯罪不仅对游客财产，也对人身安全构成一定的威胁。

（1）事件特征

①窃贼多会选择服务员打开房门打扫房间时偷偷潜入房间内躲藏，伺机进行盗窃。

②窃贼在房间内盗窃时，如果房主突然回来，窃贼也会急忙潜伏起来，伺机行动。

③窃贼对酒店或宾馆都比较熟悉。

④窃贼会选择房主在洗澡或睡觉时进行盗窃。

（2）防范对策

①财物及贵重物品要提前寄存。

②进入房间后要先环顾一周进行检查，包括床下、衣柜、卫生间、阳台等地，如果发现异常，应及时通知酒店服务人员，有必要的话应申请调换房间。

3. 撬门、捅门入室和插片开锁

窃贼掌握了某些门锁特点后，趁入住人员熟睡或外出之机，撬开门锁或插片开锁进行盗窃。

所谓“插片开锁”，是在防盗门未上保险的情况下进行的。所谓未上保险，即仅靠门锁处一小“锁舌”锁门，而门上沿、下沿、侧沿的多重保险锁没有打开。所以，窃贼只要通过门缝将“插片”（通常为一张很薄、可扭曲的带弯钩的塑料片）插入“锁舌”处，反复“推拉”，几秒钟工夫，便可让“锁舌”从锁洞内“吐”出，从而打开门。据专业开锁公司介绍，这些防盗门之所以那么容易打开，并不是质量有问题，而是因为业主缺少防范意识，以为防盗门只要关上就可以防盗了，而不太注意出门或者晚上睡觉时再反锁一次，让窃贼有了可乘之机。

（1）犯罪特征

现在盗窃案件不乏一些使用工具开门的技术方式，此类犯罪具有以下特征：

①作案现场一般在低档宾馆、酒店，房间均远离服务台，在走廊尽头或转角处。

②被盗房间门通常较简陋，没有防盗功能，无法反锁。

③作案时间通常选择在夜间或黎明。

④游客睡觉前没有拧上保险扣或防盗链，或出门前仅仅关上门而没有反锁。

（2）防范对策

①游客入住宾馆后要对门锁的防盗情况进行检查，如果门锁损坏应及时更换。

②入住宾馆后要提高警惕，提前寄存贵重财物。

③睡前应对房门进行反锁，若没有反锁功能可以用椅子顶住房门。

④出门时要检查门是否锁好，并用钥匙对房门进行反锁。

⑤如果房门无法上锁，在寻找服务人员交涉期间，应随身携带贵重财物。

⑥休息时可在门外挂上房间配备的“请勿打扰”牌子，打消窃者作案念头。

小贴士

把门把手往上一提的锁门方式靠谱吗？

生活中有种提拉式的锁门方式，就是关上门后，再把门把手往上一提，门就锁上了。这样锁门，靠不靠谱？专业开锁公司介绍，这种方法同样不防盗，用的人方便了，小偷开锁也方便。一位开锁师傅找来一根“7”字形的细长铁丝一样的工具，铁丝的头部是中空的，另一个铁丝套在里面可以自由伸缩，它的尾端则分叉成“人”字形，把猫眼卸下来，把这根铁丝伸进去，往下一推，原本锁上的保险就被打开了，再用插片的方法一滑，门就开了。也就是说，这种将门把往上一提的锁门方式，用“7”字形工具依然可以打开。因此，外出时不要图方便将把手往上一提用来锁门，而应使用钥匙进行彻底反锁。

4. 同室作案

游客由于为了省钱或是其他原因，不住单人间，选择与他人同宿的情况，无形中增加了被盗危险。

（1）犯罪特征

此类案件一般分两种情况：一种是犯罪分子有目标后，有目的地接近游客，寻找机会作案；另一种是同宿者临时见财起意，从而实施行窃。这些都是因为游客有意无意地暴露了自己的财富，促使罪犯产生了盗窃的动机。有目的性的行为让人很难防范，一般有预谋，考虑周全。遇到防范意识薄弱的游客，很容易被其接近，落入圈套被人利用。

（2）防范对策

外出旅游，针对同室作案案例要做到以下几点：

①出门在外携带大量现金极不安全，要随时寄存或存入银行卡。

②严禁在陌生人面前暴露身上携带的钱款。

③害人之心不可有，防人之心不可无。旅途中如果应旅游团的要求或其他原因，选择与陌生人共同住在同一间宿舍时，既要友善待人，又要提高安全意识，要注意妥善保管好自己的财物，以防他人见财起意。

④遇到特别热心的人要保持警惕，不能随意将自己的贵重物品托与对方保管。

5. 内部作案也要提防

由于贪念，有些在酒店工作的管理者或员工，也会利用职务之便或工作之便，盗窃客人财物。

（1）犯罪特征

①由于是内部作案，被盗者对其基本没有警惕心理。

②内部人员对环境等各方面比较了解，作案极其容易。

（2）防范措施

①离开房间时要巡视一下整个房间，留意随身携带的物品是否带全，并尽量对房间的各种摆设留下印象。

②一般住宾馆超过 1 天的时候，白天服务人员会进门打扫房间，如果不需要打扫房间，记得将“请勿打扰”的牌子悬挂在大门的把手上，起到预防他人进入房间的作用。

③在外游玩要在用餐、住宿登记等时候特别留意自己的包及贵重物品。

温馨提示

①有的酒店会有迎宾人员为旅客拎包，这时有些窃贼会浑水摸鱼、一声不响地带走旅客的包，加之有些游客大包小包很多，自己都没有记清楚，事发很久才发现被盗，为时已晚。

②在办理入住或退房手续、上下电梯、进餐时注意防窃。

③入住酒店后要对房间的窗子进行检查，看防盗情况是否完好，有些罪犯常采用从窗口钻入、破窗钩挑等方法实施盗窃。

④出入房门要养成锁门的好习惯，临走要进行检查。入住旅店夜间睡觉时要对房门进行反锁，有锁链的要扣上锁链保险，以防旅店钥匙管理不严让人闯进房间。

⑤天热时，不要图一时凉快将房间门长时间打开。即使出门片刻，也要随手关好门窗，不要嫌麻烦而麻痹大意，以防窃贼有机可乘，顺手牵羊。

⑥开窗睡觉时，可在窗台上放上一盆水或空瓶子，在门槛上挂铃铛等，一旦有窃贼出入，这些物品就会发出声响，既吓跑了“不速之客”，又可使旅客及时发现。

⑦不要引狼入室，不要让陌生人等一些外来人员进入房间。

⑧离开房间时要巡视一下整个房间，留意随身携带的物品是否带全，并尽量对房间的各种摆设留下印象，

（二）火车上防盗

对于大多数游客而言，火车是最常用的交通工具，也是最容

易发生盗窃的地方，因此应格外警惕。

1. 上下车时拎走行李

乘客在上车或下车时，由于人员嘈杂、拥挤不堪，旅客争先恐后地往车上拥或急于下车，窃贼会在这个时候趁人不备将乘客的行李及财物偷走。

案例回放

2012 年 12 月—2014 年 5 月，窃贼陈某在宁杭线、沪宁线上的高铁列车频繁实施盗窃。其盗窃手法主要为，趁列车上下客时段上车，在列车一头的大件行李处或者车厢座位的最后一排，挑一两只品牌的行李箱包，拎到即走。此时列车尚未开动，窃贼已然下车出站，消失在了茫茫人海中，而等失主发现，早已经是下一站乃至是终点站的事情了。

（1）犯罪特征

①窃贼多等候于车头或车尾处，得手便迅速逃离。

②事件多发生在乘客上车或下车时，人潮拥挤，窃贼便趁乱下手。

③乘客在寻找座位或寻找出口时注意力会分散，这也给了窃贼可乘之机。

（2）防范措施

①上车时不要争抢、不要插队，一挤就会给贼造成可乘之机，应排好队有秩序上车。

②在乘客急于上车或下车时，手机是最容易被盗的。窃贼通常会将手机皮套打开，把手机偷走；或用刀片将手机保险绳割断，拿

机走人。另外，手机放在裤子后兜和上衣口袋也容易被抽走。最好在上车时用手护住手机，或把手机和钱装进安全的包里再上车。

③身上带钱时最好分开装，不要放在一个口袋。特别是买票时，提前把买票的钱单独拿出来，免得被贼盯上。

④如果还有其他的行李比如行李箱等，这个时候也一定不能忙于上下车或寻找座位而无暇顾及，应保证行李不离开自己的视线。

⑤上下车时提前做好准备，把行李归拢在一起，清点一下。

⑥车到站时不要慌张，不要凑挤，按顺序上下车。

2. 列车中途站停车

列车行驶到中途用餐或到站停车时，有的旅客会利用下车时间吃饭、购物和活动身体，此时车上或站台上小偷就会开始行动，窃走旅客放于车上的行李。

（1）作案手法

①扒手买短途票上车后通常会在列车各车厢内来回走动，寻找他们的目标，然后悄悄靠近或借故坐在目标人旁边，在列车快到达前方车站而周围的旅客开始作下车前准备时，趁乱下手偷窃，得手后迅速下车逃脱。

②有的旅客会在停车时将车窗打开，此时小偷会趁旅客不备突然跳起或将手伸入窗内抢夺窗边和茶几上的物品，然后迅速逃跑。

③列车运行中途停车时，旅客下车买食品或特产，因时间紧，光着急买东西，掏钱时才发现被盗。

④列车在小站停车时，车窗开着，车刚启动，站台上的贼顺手将放在茶几上或衣帽钩上的包抢走。

（2）防范措施

①在列车到站时，要特别注意看管好自己的行李物品。

②尽量减少下车，如需下车则尽量少带现金和物品，同时还要注意保管好自己车上的财物。

③中途停车时，下车购买食品的旅客一定得注意身边的人。在车站活动的贼也会装成购买者，围在旁边用镊子夹钱。

④不要将装有钱和重要物品的包放在茶几上，随身携带好自己的钱物。

⑤有条件时可用链锁将行李锁在行李架上。

3. 假装取包掩人耳目

乘客入座前，经常会将自己的小型行李放于自己头顶上的行李架上，窃贼就会站起来佯装取自己的包，伺机盗窃乘客头顶的行李。有的旅客上车后喜欢将衣服随手脱掉，挂在衣帽钩上，等需用时才发现被盗。

案例回放

2014 年 6 月 28 日，南京南开往温州南的 D5589 次列车从常州站开出，10 号车厢旅客李某发现其放在行李架上的一只黑色双肩背包被窃，内有小米手机一部和人民币 20 000 元。原来，窃贼王某观察到有乘客将行李放在头顶行李架上，而其后边座位又无人时，他就坐过去。王某趁旅客不注意，站起来假装取自己的行李，其实取下的是乘客的行李——头顶行李架往往是旅客的视线盲区——盗走较为贵重的物品。有收获之后，他从容收拾好行李，再次放到行李架上，然后扬长而去。

（1）犯罪特征

①窃贼会选取诸如乘客头顶行李架之类的盲区进行盗窃。

②窃贼利用佯装自己取包作为掩护，即使被发现也会说是取自己的包。

（2）防范措施

①自己的行李应始终放在自己视线范围内的位置。

②贵重物品要随身携带。

③遇有他人频繁在自己头顶翻弄包物或拿取物品，尤其要注意是否为窃贼。

4. 专划包物手法熟练

窃贼会趁乘客熟睡之机，或拥挤时候，用刀片划破乘客衣物或背包，神不知鬼不觉地窃走财物。

（1）犯罪特征

①窃贼通常会对炫富、财物外露、喜欢睡觉、没有警惕性的乘客重点关注。

②作案手段非常暴力，不仅偷走财物，还损坏衣服、背包等用品。

③作案时间短，手法轻巧，被窃者不易发觉。

（2）防范措施

①在车内走动时一定要有防范意识，若是扛着行李包，还要看好自己的钱包和手机。

②窃贼用刀片作案时将毛巾拿在手上作道具，对于这类遮遮掩掩的人尤其要小心提防。

③人多拥挤的时候，要看管好随身小件物品。

④随身带有贵重物品的话，尽量保证在乘车过程中不要打瞌睡。

温馨提示

此外，坐车旅游途中还会遇到其他一些盗窃方式：

①窃贼会拿着小包或者报纸杂志作掩护，挤在上车人群中一手搭架子，一手从旅客身上偷走财物。

②夜间，窃贼常在站台上等夜行列车停靠，他们用撬棍把车窗撬开，用带钩子的竹竿将旅客衣服和小旅行包“钩”走。

③窃贼购买列车卧铺票上车，盯好目标后，趁深夜时将旅客的行李偷走，然后换一件衣服躲进其他车厢伺机下车。

④趁凌晨 3—5 时旅客睡得最沉时，有的窃贼会用手顺走钱包，有的会用金属刀片割开旅客身上夹带着钞票的衣袋、腰包、皮带甚至内衣裤，将钱取走。

⑤窃贼把装有废报纸的空包塞在行李架上，在旅客不注意时，将旅客的小包放进自己的空包内，或者把旅客包内的财物抽出来放进自己包内，进行盗窃。

⑥窃贼上车后用事先配好的钥匙打开车门，顺着梯子爬上车顶趴着等待，车内的同伙偷来财物后都交给车顶上的小偷。等火车减速进站时，他们就拿着财物混进人群下车。

总的来说，乘客乘坐交通工具时，应时刻保持警惕，无论是在车里走动，或是下车就餐、活动时，都应保证贵重物品不离身。

（三）乘车、船等交通工具防盗

乘车人较多时，上下车是最拥挤，也是最容易作案的时候。因此游客在乘坐车、船旅游时要有充分的心理准备，时刻提高警惕。

1. 车站不点钱，首饰放里边

（1）事先准备零用钱，将暂时不用的钱及贵重物品清点整理好，放在身上或其他可靠地方。

（2）不要当众频繁地打开钱包，以免暴露给他人。

2. 上车护手机，双肩背包放胸前

男士要用手护住腰间的手机，女士最好将背包放于胸前。

3. 看管好行李物品

（1）尽量把物品集中放在可以经常照看得到的地方，使物品随时在你的视线内，不要乱堆乱放，或放得过于零散。

（2）有条件时可用链锁将行李锁在行李架上。

（3）上下车时提前做好准备，把行李归拢在一起，清点一下。车到站时不要慌张，不用拥挤。

（四）行路防盗抢

游客在游玩的路上，可能会遇到“拍头党”“飞车党”。

1. 防“拍头党”

以抢劫为目的的“拍头党”，通常三四人为一伙，确定袭击对象后以铁棒、砖块等硬物猛击头部后抢包逃跑。

对付他们，一定要谨慎注意：

（1）外出能不拎包尽量不要拎包或不要拎好包，以避免引起亡命歹徒的注意。

（2）独走偏僻之地要谨慎，发现有可疑人员应绕道行走。如果发现有人跟随应立即避开，或待在安全的地方让其先走。

（3）面对结伙接近的可疑人员要机警避开。

（4）深夜回旅店最好坐出租车。

（5）手机不要挂在腰上，尽量不要边走路边打手机。

2. 防飞车抢夺

根据飞车抢夺的特点，受害人往往为单身夜行的女性。案犯作案手法一般有两种，一是两人骑摩托车，由坐在后座者实施抢夺；另一种是驾小车抢夺。两种作案方法的作案时间多为夜间10时至凌晨5时，作案地点多在小巷及便于逃脱的岔路口。

防止飞车抢夺要做到以下几点：

（1）夜间外出的女性要注意走在人多光线亮的地方，最好不要单独行走。

（2）对于悄悄驶近的摩托车、小车要特别注意防范。

（3）徒步行走的女性应把包背在靠墙的一边。若有人在身后打招呼，千万不要让包离开自己的视线，骑车者可把包带绕在自行车车把上。

（4）在人行道上行走时，要尽量靠人行道内侧（右侧），将包斜挂在右边，过机动车道时，要注意周边环境，防止包被抢夺。

（5）夜晚避免走人迹稀少的地方，必须单独出门时应该尽量与家人或者熟人保持联络，如果遇到有人跟踪，应迅速到人多的地方，有条件的马上请求公安机关的帮助。

（五）购物防盗窃

到达某一景点或当地购物中心时，人们的注意力更多地会放在观赏风景或购买物品上，而忽略了身边潜伏的窃贼，由此也易发生财物被盗事件。

①购物时事先准备好零用钱，将暂时不用的钱及贵重物品清

点整理好，放在身上或其他可靠地方。

②始终多留一个心眼，不能因为忙于欣赏风景或购物就忘乎所以。

温馨提示

1. 背包上锁

不管去哪里旅游，小心谨慎才是安全的上策。比如财不外露，天黑了老实待着，不到黑暗的地方转悠，不带贵重首饰。如果你是真正的背包客，应该买几把小锁，用于锁上背囊。有自助游者曾经在从泰国苏美岛回曼谷的夜班火车上，被人偷了裤子和相机。记住，无论谁来查票，也不要把票从钱包里拿出来。另外，还应小心特别热情的人。

2. 旅游时的装钱技巧

（1）不要携带大量现金，尽量携带银行卡

如果一定要携带一定量现金，应该做到化整为零，大面票应当紧贴身体，放在贴身内衣裤的几个口袋里。零用钱由于使用比较频繁，宜分散放在上衣和裤子外面的几个口袋里，每处二三十元即可。春季衣服还比较单薄，口袋也比较少，集中藏钱很不安全。这时，钱宜藏在胸前腰包或随身小包。小包以背带的为好，切忌在公众场合将包背在背上，免得被窃贼划破或夺而溜之。

（2）掌握拿钱技巧

旅游途中，一定要记住“按囊取钱”。值得注意的是，千万不要因为怕失窃，而始终攥紧或抱住自己的钱袋，如果这样，狡猾的小偷会盯上你并伺机下手。

3. 防盗注意事项

（1）外出旅游不要“露富”，受到不法侵害要及时报警。

（2）外出旅游时尽量避免携带大量现金。

（3）随身包裹应置放在视线所及之处。在外活动时，个人的钱款和其他贵重物品要随身带好，不要放在旅游车内；坐飞机时不要将钱款和其他贵重物品、护照放在托运行李中；入住酒店也应随身携带或存入酒店的保险箱内，出去时不要放在房间内；在餐厅、商场、酒店大堂、机场等公共场所要格外注意自己的财物和证件安全。

（4）不随便与陌生人搭话、交换食品。

四、旅游被盗应对

（一）丢钱莫焦急，“110”热线记心间

当你已经知道作案者或发现可疑人时，要及时大胆地向公安人员报告，并争取其他旅客支持，从而制服违法犯罪分子。

在火车上一旦遇到偷、扒、抢案件时，要勇敢、及时地向列车员或乘警报告，也可到设在列车餐车的“110 报警台”报告，如果对方是结伙作案，在报告时还应讲究方式方法，不能盲目冲动。

（二）入室行窃应对

（1）如果正好碰到窃贼入室行窃，要以保护自己的生命安全为重，并注意保留现场，及时报警。如在睡梦中被窃贼惊醒，不

要惊慌，躺在床上不要动，尽力观察歹徒的行为举止。如遇蒙面歹徒，要记下歹徒的身高、衣着、口音、举止等特征，为民警提供破案线索。

（2）若发现可能有他人潜伏室内，千万不要打草惊蛇，窃贼可能会携带凶器，一旦被发现会改为抢劫，实施暴力威胁，为了避免受到不必要的伤害，应不动声色地告知宾馆保安或报警。

第十一章

旅游诈骗事件防范与应对

各类诈骗事件中旅游遇到的诈骗案占了较大比例，因为旅游景区人多且复杂，游客与不同的人接触频繁，往往防不胜防。无论是出行前的订票乘车，还是旅游过程中的游玩吃住，旅游诈骗事件屡禁不止，而且呈增长态势，给游客造成财产损失，甚至威胁游客的人身安全，严重影响旅游安全。

一、事件回放

（一）商务诈骗

2014 年 12 月 5 日，深圳某电子有限公司赵某某到湖南商务旅游，在长沙一家酒店结识了自称是浙江某家用电器公司推销员孙某，孙某向其推销自动电子闹钟。赵某某看行情不好就没有打算购买。于是，孙某提出帮忙代销该产品，并许诺给他 5% 的回扣。架不住孙某的软磨硬泡，并且考虑没有什么损失，于是留下了联系方式，孙某还给了几个样品便离开了。

第二天，赵某某的房间住进了一位衣冠楚楚的中年人，和其聊天时提到了闹钟的事，中年人看到了样品后产生了浓厚的兴趣，询问货源等一些详细情况，表明自己是一个工厂老板，打算为员工准备年终奖，准备购买 1 000 只，并发给了赵某某一张名片，上面写着浙江某厂厂长头衔。为了进一步取得赵某某信任，中年人还当场预付了 1 000 元人民币作为订金。赵某见闹钟有出路，如此轻易就能赚到钱，何乐而不为，于是立刻联系到孙某订购 1 000 只闹钟。待到赵某某购买了闹钟，带着一批货按名片上的地址送去后，却发现中年人所说的事情根本子虚乌有，而且工厂根本不需要闹钟。最终赵某某被骗 4 万多元。

（二）购物诈骗

2011 年 8 月 2 日，翁女士跟旅游团去长城、十三陵参加“一日游”。中午旅游结束后，导游以旅游车进行卫生检查为名，将他们带到某商城的贵宾休息室。不一会儿，一位所谓的老总进来后说，翁女士这个团正好是第 666 个团，算是缘分。随后，他要把标价 888 元和 688 元的玉器貔貅以每个 50 元的价格特价销售给他们。

翁女士的家人经不住价格诱惑，花了 600 元买了标价 6 888 元的貔貅。接着那位老总又拿出标价 218 888 元的玉镯给翁女士看，还没等翁女士看清楚真假，就赶紧叫店员包了起来，并说，“既然咱们有缘分，就 4 666 元卖给你了。”同时，还以同样的价格卖给翁女士的妹妹一只玉镯。

翁女士一家人花了 9 000 多元买回来的玉器，回到上海家里，仔细辨别，疑惑有假。就立即按照玉器服务卡上的信息在网上查找相关资料。结果大吃一惊，看到了和她们相同的受骗者的投诉，这才恍然大悟，她们被那家黑店骗了。

（三）旅行社诈骗

2001 年春节前，北京的一位游客拿着一张宣传单，找到设在北京某饭店 203 房间的一家旅行社报名参加“广西北海越南双飞 6 日游”的旅游团。旅行社的工作人员“热情”地接待了游客，介绍了旅游日程路线情况，并商谈了价格。客人想用支票付款却遭到拒绝，工作人员声称这是报名最后一天，不但要收现金，而且必须付全款。旅客支付了 14 400 元人民币，旅行社人员称，发票用完了，先开张收据，等取机票时再换成发票。

应该说，这位游客还是比较明白的，临走拿了一张该旅行社接待部经理的名片，又查到了该旅行社法人的名字和电话，在与法人代表通话后，他被告知饭店 203 房间是该旅行社新设的点，接待经理也确有其人，他才放了心。但是他怎么也没想到仍旧掉进了欺诈的陷阱。

等到取机票的日子，客人打了无数次电话，却无人应答。慌了神的客人与饭店联系，方知已经有许多人来找这个突然消失的旅行社，连饭店都感到问题严重，已经向公安局报了案。客人赶到北京市旅游局质检所投诉，遇到了好几名相同遭遇的受骗者。

（四）天价餐费惹不起

1. 青岛“天价”餐费事件

几名山西游客来到青岛崂山景区游玩，到了吃饭时，在“黑导游”的带领下，来到一家名为“山海饭庄”的饭店，吃了一顿农家宴。一顿饭吃下来，一斤螃蟹 168 元，一杯扎啤 65 元，这些价格都可以接受，唯独 894 元的蘑菇炖鸡让他不能接受。而最终这顿饭总共花费了 2 300 元。

2. 桂林“天价”餐费事件

王女士与朋友从广东来到桂林游玩，在桂林市区游玩一天后，当晚，在出租车司机推荐下，他们来到桂林市滨江路餐馆“江边美食坊”用餐。服务员推荐“啤酒娃娃鱼”这道菜，但菜单上没标明价格，朋友以前曾在其他地方吃过娃娃鱼，也没问价格便点了。还没等她们确认，店员便把鱼给摔死了。鱼被摔死后，服务员告诉她们，这娃娃鱼开发票每斤 1 600 元，不开发票每斤 1 500 元，共 3 斤 3 两，总价近 5 000 元。王女士和朋友以前在桂林吃过最贵的娃娃鱼也就每斤七八百元，当时就感觉“被宰”了，与店方协商价格无果后，只能选择报警。

（五）机票诈骗屡中招

1. 假冒电子票单骗取费用

大学生小肖想利用暑假到北京旅游，因为过去曾有在网上订购机票的经验，于是小肖就在网上搜索了一家机票代购公司，订购了一张飞往北京的机票。确认信息无误后支付现金 1 480 元，随后该网站手机短信通知小肖机票订购成功，并附一张电子票单。几天后当他去机场换登机牌时，机场工作人员告诉他，系统里没有他的信息。他才知道自己上当受骗，再联系订票电话，早已无法接通。原来，小肖遇到的是“黑代理”。“黑代理”在接到消费者订票信息后，会根据消费者个人信息，先在航空公司订购机票，以取得真实的行程单，并将行程单发送给消费者获取消费者信赖。收取消费者机票票款后，“黑代理”立即向航空公司退掉机票拿回现金逃之夭夭。这导致消费者在刚拿到行程单时，行程单是可以核实的，甚至连保险相关资料也一应俱全，但登机的时候，乘客信息会因已退票被删除，导致无法登机。

2. 使用假行程单骗取费用

小李在某网站上购买直飞北京的 1 580 元全价机票，付款后行程单上所显示的票价也为全价，之后小李由于行程更改，致电航空公司要求改签机票时，却被告知他实际上购买的是低价机票，售出票价为3 折的480元，且此类机票规定“不得更改、不得签转”。“黑代理”为了获得更高的利益，用造假行程单的方式修改了机票价格，比方说“黑代理”收取消费者全价费用，却向正规渠道购买 3 折机票。由于低价票的退改签限制严格，这就会造成虽然消费者可顺利登机，但若临时想改签，就有可能因无法改签而需重新购票。

（六）酒托、茶托诈骗

2015 年 10 月 11 日，小李独自一人到古城“艳遇之都”游玩，觉得无聊，便打开某聊天工具，通过“查找附近的人”功能，发现多名头像艳丽性感的女子主动向自己打招呼，均声称是独自一人来古城旅游。简单聊天后，一名叫“紫萱儿”的网友即表示要和小李见面。“紫萱儿”自称名叫“陈红”，做服装买卖，四川人，在武汉工作，于 10 月 10 日刚到古城旅游的。女子与小李见面后，走到一家酒吧门口时称“口有点干”，要上去喝东西。小李要求换一家，“陈红”则坚持“先在这坐一会”。女子先点了一份名为“美人香”的茶水与果盘，价格为 848 元。随后，她借口为茶续水，悄悄点了一份价格为 1 480 元的“好时年”红酒。小李再三表示不能喝酒，但十多分钟后，“陈红”再次悄悄点了一份“阿纳石榴干红”红酒，价格为 2 600 元。半个小时内，小李的账单已高达 4 928 元。

二、旅游诈骗原因

很多骗子的手段并不见得很高明，受骗的主要原因在于受害人本身。一般来说，受害人具有一些不良或幼稚的心理意识，是诈骗分子轻易得手的关键。旅游中引起诈骗的原因主要有以下几方面。

（一）思想单纯，分辨能力差

很多年轻人特别是学生，他们与社会接触较少，思想单纯，对一些人或者事缺乏应有的分辨能力，更缺乏刨根问底的习惯，对于事物的分析往往停留在表象上，或根本就不去分析，使诈骗分子有可乘之机。

（二）缺乏防范意识

受害人没有防诈骗的防范意识，没有警惕心理。一些骗子手段并不高明，甚至可以说十分拙劣，但却能引人入套。骗子固然可恶、让人痛恨，但是受害人也有值得反思的地方。纵观形形色色的诈骗案件，尽管有很多让人瞠目结舌的手法，但究其根源，无非都是虚构事实、隐瞒真相。

（三）感情用事，疏于防范

帮助有困难的人，是我国的优良传统，是值得我们继承和发扬的。但如果不假思索去“帮”一个不相识或相识不久的人，这是很危险的。然而遗憾的是，我们有不少大学生就是凭着这种幼稚、不作分析的同情、怜悯之心，一遇上那些自称走投无路急需帮助的“落难者”，往往就会被他们的花言巧语所蒙蔽，继而“慷慨解囊”，自以为做了一件好事，殊不知已落入骗子设下的圈套。

（四）贪小便宜，财迷心窍

贪念当头则财迷心窍、利令智昏。受害人警惕性不高，特别是想发大财，贪小便宜或祈求家兴人安的心理，为诈骗分子提供了可乘之机。贪心是受害者最大的心理缺点，很多诈骗分子之所以屡骗屡成，很大程度上也正是利用了人们的这种不良心态。受害者往往是为诈骗分子开出的“好处”“利益”所深深吸引，自以为可以用最小的代价，获得最大的利益和好处，见“利”就上，趋之若鹜，对于诈骗分子的所作所为不加深思和分析，不作深入的调查研究，为求高额回报而迷失心智，丧失了基本的判断力。最后落得个“捡了芝麻、丢了西瓜”的下场。

还有些人存在贪求美色的思想，幻想“一夜情”，浪漫偶遇，却不慎落入“酒托”“茶托”的圈套，被诈骗钱财。

（五）有求于人，粗心大意

每个人免不了有求他人相助的事，但关键是要了解对方的人品和身份。有些游客在有求于人而有人愿“帮忙”时，往往是急不可待，完全放松了警惕，对于对方提出的要求，常常是唯命是从，很“积极自觉”地满足对方的要求进而铸成大错。

三、旅游诈骗防范

随着诈骗手法花样不断翻新，游客出行的各个环节如购买车票、选择旅行社、乘车途中等，都充斥着各类诈骗，需要我们高度警惕。

（一）防诈骗原则

针对五花八门的诈骗伎俩，游客们的应对措施有很多，一个人不可能把所有的方法都记住，那么遇到事情时我们就要记住几点防诈骗的原则：

1. 提高警惕

特别是对陌生人要提高警惕。不要随便与陌生人攀谈，新交朋友时，不要暴露自己的经济状况、贵重物品，更不要随意将住址、电话留给对方，以免让一些别有用心的人钻空子。要时刻保持警惕，循规蹈矩，不做违法乱纪的事情。很多能牟取暴利的行为是法律政策所不允许的，但被害人贪利心理往往使之失去警惕，误入歧途，从而上当受骗。

2. 不要轻信他人

有傻瓜才会有骗子，有轻信者才会有江湖郎中。教训告诉我们，谎言之所以得逞不仅是因为骗子的骗术高明，也是因为被骗者太容易相信。轻信他人是被害人落入圈套的重要原因之一，特别是有些犯罪分子利用人们对警察、法官、医生等职业比较信任的心理假冒身份进行行骗，因此游客不要以貌取人，不能单凭对方的装束、证件等因素来判断对方是否可信，对任何人不要随意交托钱财。有人在餐馆里提醒你“钱包掉了”，低头之前先捏紧自己的包。

3. 不要贪图便宜

莫贪小便宜，拒绝小“恩惠”，防止因小失大。这个“贪”字包括贪财、贪色和贪图享受，从很多案例中可以看出很多被害人是由于贪图小便宜而上当受骗，还有些男性被害人出于对女性的好感、信任或想在女性身上寻求刺激而被骗。不要随便接受陌生人的礼物，吃陌生人给的饮食。对送上门来帮你忙的人要警惕，请你帮忙的也要小心。不要相信有高额回报的各种名目的投资，防止利令智昏。

4. 不要过分同情怜悯

怜悯和同情的心理作用会使人产生误解，丧失警惕性，以至于轻易相信诈骗分子的言谈和求援。这一因素往往导致一些善良的人和不清世事之人蒙受欺骗。不要多管闲事，遇事可请求警察解决。风景区有人请你帮忙拍照，千万别图方便把包丢在脚边；有人拿着地图来问路，务必不要和他一块儿低头讨论，要请他转问当地人。

5. 停、看、听防诈骗

诈骗花招百出，但只要不存贪念，遇事遵循"停、看、听"守则，冷静以对，受骗机会就会减少。"恭喜你中大奖了！"听到这样的好消息，你别高兴太早，一定要"停、看、听"。

"停"就是使自己冷静下来不要处于一种激动、亢奋状态。

"看"就是看所讲的事物是否可信，对方讲话的神态表情是否过于夸张。

"听"就是提几个问题听对方的回答。一般而言骗术经不起推敲，盘问得越多，漏洞越多，骗子越心慌。

（二）"吃"的防范——天价餐费惹不起

俗话说"民以食为天"，到各地旅游的游客，也会将品尝当地的美食作为旅游的一个重要部分。由于某些商家利欲熏心，稍不留神，便会在就餐时落入他们的陷阱。近年来，"天价鱼""天价虾""百元粥""天价白开水"……各地频出的旅游消费"天价"事件，严重损害着游客的利益。2015 年国庆期间的"38 元青岛大虾"事件之后，短短 5 个月内，相继有无锡 8.8 元一颗的话梅、常州 100 元一锅的白粥、辽宁盘锦 368 元一份的豆腐、扬州 688

元一份的红烧土鸡、青岛 894 元一份的蘑菇炖鸡、海南三亚三菜 4 000 元、福建厦门五菜一汤 9 560 元等“天价事件”曝光。

1. 事件特征

（1）事件多发生在“旅游城市”，受害者多位外地游客，时间多为节假日旅游旺季。

（2）不法商家多为小店，本地食客少光顾，外地游客少回头。

（3）商家对菜品一般不会明码标价，而是模糊地称“一份 ×× 元”。

（4）消费者对某菜品刚有意向，商家在尚未征得消费者同意的情况下，直接将活物弄死或将菜做好，迫使消费者接受，带有强制成分。

（5）消费者点菜时一般都碍于面子，不会对每一道菜都询问多少钱。

2. 防范措施

（1）如果是跟团旅游，在自己选择就餐购物地点时应多方面咨询，免得进错店吃亏。

（2）如果是自由行，对路边拉客人员要保持警惕，在已经进店的情况下，在消费前要问清费用。

（3）不明码标价的不买，不开发票的不要。

（4）如果出现被坑的情况，要保留好证据，及时找旅游执法部门举报维权。

（三）“住”的防范——莫名房客要留心

游客行至某地，住宿也是首要考虑的问题，稍有不慎，也会遇到诈骗事件。

1. 事件特征

（1）骗子通常以较高利润诱惑被骗者上钩。

（2）为骗取信任，骗子会先垫付钱款给被骗者。

（3）骗子会以“唱双簧”的方式，合力上演假象，骗取游客信任。

2. 防范措施

（1）对陌生人要提高警惕，不要随便与陌生人攀谈。新交朋友时，不要暴露自己的经济状况、贵重物品，更不要随意将住址、电话留给对方，以免让一些别有用心的人钻空子。

（2）不轻信陌生人。不要以貌取人，不能单凭对方的装束、证件等因素来判断对方是否可信，对任何人不要随意交托钱财。

（3）遵纪守法，洁身自好，不做违法乱纪的事情。很多能牟取暴利的行为是法律政策所不允许的，但被骗者贪利心理往往使之失去警惕，误入歧途，从而上当受骗。

（四）火车票诈骗防范

乘坐火车是最常见的旅游出行方式，但在节日、旅游旺季期间，乘坐火车的旅客急剧增加，铁路运能难以承受，进而导致买票难。大家难免会从票贩子手里买票，游客应注意识别假车票，以防上当受骗。

1. 从正规车站买票

游客不要贪图便宜，应尽量从正规车站买票。

2. 认清车票诈骗伎俩

（1）回头票

票贩子将已到站还未过有效期的中转签字票低价回收或捡来，重新中转签字后低价卖给旅客，此票多数票面较旧，且已被剪口。

（2）移花接木

将废票、短途票的日期、票价、到站、座别用涂改液涂掉，重新进行涂改使短途变长途、废票变成有效、票价低的变成票价高的车票。

（3）偷梁换柱

有的票贩子假借自己在车站有熟人能买到车票，骗取旅客票款或以借察看旅客车票为名，偷偷用早已准备好的假票将旅客的真票换走。

（4）低收平退

有的票贩子趁有的旅客急于退票之机，低价从旅客手中买下车票，后到车站退票窗口平价把车票退掉，从中谋利。

3. 识别车票真伪

可以通过沾水、手摸、逆光照看等方法识别车票真伪。当今通用的软纸票，字迹清晰，票面干净，逆光看有水印，而涂改后的假票字迹模糊，用手指触摸会有墨迹，较易识别。

（五）机票诈骗防范

目前，我国机票“黑代理”数不胜数，随着互联网的盛行与国人休闲旅游意识的高涨，每逢机票消费旺季，机票诈骗案就层出不穷，应加强防范。

1. 正规途径购买

购买机票时，一定要认准正规、有资质、有固定营业场所的代理商或者向官方售票处购买。虽然消费者可以用购买电子机票时得到的电子票号与身份证号码，向航空公司客服辨别机票真伪，但由于航空公司在退票时只会跟订票的代理确认，并不会通知消费者，若游客向“黑代理”购票，确实有可能遇到“真机票”变“假机票”的诈骗。因此，在购买机票时要尽量选择像携程网、芒果网等知名机票预订渠道或向官方售票处购票。

2. 机票退改签防诈骗

（1）购买机票后如需进行退改签，一定要通过官方渠道进行，不要接受陌生的电话代办或者自己通过用查询搜索引擎获得的陌生号码办理。从诈骗案例可以看出，现在的 400 电话诈骗仿真度很高，通过类似官方客服的语音提示来混淆消费者，消费者必须提高警惕。

（2）在购买机票时需要仔细阅读相关条款和提示。根据折扣的不同，机票的退改签条件也有所差异，部分折扣机票是不接受退改签的。消费者在购买时需要了解清楚，如果不能确定，最好通过官方客服电话先行咨询。

（六）马路骗局防范

1. 行骗手段

出外旅游时，经常会在路上遇到一些马路骗局，游客应擦亮眼睛，提高警惕，切勿上当受骗，常见的马路骗局有：

（1）在路上行走，突然发现路上有一个钱包，这时有人捡起来，要和你分钱。

（2）先以问路的方式套近乎，再称能治疑难杂症而骗钱财。

（3）利用贪小便宜的心理，让你押钱看物品，出钱买其手中的所谓古物等。

（4）有人称有急事，在街头、商场借手机打电话而骗走手机。

（5）在街头拿出所谓的“美元”引诱你与之兑换。

（6）向你兜售自称通过不正当方式取得的手机、照相机等。

（7）在旅游途中，有的不法分子会利用旅客在汽车、列车等交通工具上烦闷和无聊的心理，以给大家解闷为名，搞猜扑克、猜大小、套铅笔等各种把戏来设赌局和骗局，猎取一些容易上当的旅客进行诈骗活动。

2. 预防措施

种种这些“圈套”，若能谨慎、小心，都能避免。

（1）游客在旅游途中不要参与各种赌博游戏。

（2）断除贪占便宜的心理，不要相信任何廉价物品或轻易接受对方的食品。

（3）不要告诉陌生人自己家里的电话，随便暴露自己的行踪，不要摆阔、“露富”。

（4）识破街头骗术，如果被抢、被骗、被盗，一定要向警方报案，只有这样，才能避免更大损失。

（5）游客尤其是女性游客，在街上行走时，不用或者尽量少用手提包，最好将包抱在胸前；钱包不要放在明显的位置，同时应避免携带大额现金出行，尽量使用信用卡等电子结算方式。

（七）黑旅行社诈骗防范

近些年发生的旅游欺诈事件，直接责任者几乎都是旅行社以承包、挂靠等方式在注册社址以外所设立的经营点、门市部。

1. 犯罪特征

（1）“黑旅行社”均以承包、挂靠等方式运营，他们往往打着注册社名义在媒体上刊登虚假广告，引诱游客上当。而媒体受利益驱使对广告“来者不拒”，客观上形成了欺诈性宣传，损害了旅游消费者的利益。

（2）“黑旅行社”接到游客后，有时会在高速路上停车，要求每人额外交费，否则赶客人下车。

（3）“黑旅行社”会雇人在客流量大的景点、火车站等地方，打着正规旅行社旗号，发放虚假小广告、劣质传单、地图等，进行招摇撞骗。

（4）“羊毛出在羊身上”，低价的旅游团背后，会通过强制客人购物、强迫参加自费项目等方式牟取不正当利益以弥补团费，游览中自己可能还要承担所有景点的门票，实际游玩时间与内容大打折扣。过低的价格必然会遭遇到住宿环境差、交通时间长等“花钱买罪受”的情况。

2. 防范措施

（1）参加正规旅行社

①一定要选择正规旅行社，不要相信任何的街头小广告。

②旅游前，除签订正规旅游合同外，还应了解详细的行程，包括景点游览时间、游览方式、费用承担方式。如果发现行程与签订的旅游合同有差别时，应注意保留证据，通过合理合法的方式与旅行社协商维权。

③一定不能相信销售人员的花言巧语，要查看旅游合同内容是否详尽、明确，选择靠谱放心的销售人员和旅行社。

（2）远离“非法一日游”

根据行程标准、自费项目等粗略计算一下实际所需费用，如果旅游行程报价低廉，甚至低于合理的成本价，就需要警醒其中是否存在消费陷阱。

（八）“艳遇”诈骗防范

1. 事件特征

（1）一些旅游景区、古镇、古城酒吧等场所经常抓住游客的“艳遇”心理，或利用某些游客好色心理主动接近，吸引游客购买酒水、骗取钱财。

（2）酒托与游客见面后，带游客到特定酒吧喝酒，且均点红酒，因为提成较高。

（3）若能赢得游客信任，酒托女第二天还会带游客进购物店买东西、参加旅游项目，进一步消费并得到提成。

（4）酒托女也会假装独自一人在桌子上发呆，见有男游客到来便主动约其一起喝酒，酒吧也会相互介绍拼桌，最后对方以打电话、上卫生间、接朋友、买东西等各种借口离开，最后剩下游客埋单。

（5）每个“托”也不一定是为一家酒吧服务，她们会根据游客的喜好，选择喝酒、喝茶、购物、游玩，根据游客的行程安排，带进不同的店面去消费，然后自己拿提成。

（6）“酒托”分工严密，掌握酒托女账号、负责和游客聊天的叫“键盘手”，可能是男子。“键盘手”会将其掌握的信息通知给“酒托”，由“酒托”来行动。

2. 防范措施

（1）洁身自好，任何时候不要产生“一夜情”“艳遇”等不道德的念头。

（2）遇到陌生女性的主动挑逗，要立刻避开，不要与其搭讪，心存邪念容易中招。

（3）遇到行为古怪的人靠近时，要反应灵敏，注意保护好身上的钱财，走开为上。

（4）如果及时发现身上东西被骗，在周围有很多行人的情况下可以大声呼喊求助，同时及时拨打“110”报警。

（九）外籍诈骗防范

外国人借助其特殊外籍身份，加之很多国人对之认识不够全面，对他们存在幻想，很容易被骗，需要游客提高警惕。

（1）当游客在旅游景区发现有外国人接近，并欲求游客看其钱币的真假和数目时，只要他能讲中国话且敢于询问中国的老百姓，就说明他们熟悉中国，更熟悉人民币，不然无法在中国生活。游客对此一定要提高警惕，预防其有一些其他目的。

（2）与外国人交易时，如果其准备用外币找零给你，首先应委婉拒绝，以“不知道”“不懂”为由，请对方按人民币结算。

（3）外国人换钱必须在外币兑换处或中国银行，同中国普通百姓没有任何关系，如果说有关系的话，也是指旅游团中的翻译导游人员、外贸、外交人员。如果想贪汇率的小便宜，最后等待你的就是上当受骗。

（4）对外国人不要迷信，不要有任何美好的幻想，他们同我们一样有好人、有坏人，骗子是不分国籍的，从外表上也很难看出来，只要遇到他们很唐突地向您搭讪，那么请提高警惕，增强自我防范。

（5）外国人的犯罪案件比国内普通案件侦破起来更有难度，不仅会有语言上的障碍、法律上定罪的障碍，有些案件牵扯两国关系，所以为避免不必要的麻烦，请一定要提高警惕。

四、旅游诈骗应对

如果在旅游途中不幸遭遇了诈骗，应掌握三点应对的原则：沉着冷静、保留证据、及时报警。下面针对各类旅游中的诈骗事件，来介绍如何应对。

（一）“吃”的应对

（1）遭遇了黑心餐馆，对方开出超出常理的账单，甚至“天价”账单时，提出合理质疑的同时，要注意控制自己的情绪，并且注意不要与对方发生争执，因为这解决不了任何问题。

（2）如果出现被坑的情况，要保留好相关证据，及时找旅游执法部门举报维权。

（二）“住”的应对

（1）遭遇了黑店，应首先考虑自身的安全，尽早脱离险境，不要太过执着于钱财。

（2）住宿过程中遇到骗子，应记下骗子的特征，保留好相关证据并及时报警。

（三）“行”的应对

（1）买到假车票（或机票）的话，应以不耽搁行程为主，及时通过正规渠道买妥车票（或机票）。

（2）受到诈骗后，应保留好“黑代理”“黑票商”的信息及相关票据等，通过法律手段进行维权。

（四）马路骗局应对

（1）钱财被骗走后，应到附近的公安机关报案，并请求救助。

（2）手机被骗走后，应向可靠的人员借手机与家人联系，并告知被骗情况，并向运营商申请挂失手机卡，以免骗子对手机通讯录里的名单进行诈骗。

（3）遭遇马路骗局，哪怕被骗得分文不剩，也不要因想不开而做出一些极端行为，留得青山在，不怕没柴烧。

（4）马路骗局中若是遭遇了外籍人员的诈骗，应及时向公安机关报案。

（五）黑旅行社诈骗应对

（1）遇到黑旅行社以途中停车、强制购物等手段强迫旅客额外交费时，应以“好汉不吃眼前亏”的心态应对，不要和对方发生正面冲突，因为对方无非就是想多得钱，适当满足对方需求后再见机行事。

（2）遇到黑旅行社收钱后人间蒸发等情况，应及时向公安机关报警。

（3）遇到游玩内容“短斤少两”、与旅行社宣传内容不符等情况时，多半是因为团费较低，对方想从其他方面弥补获利，这时不应过多与对方争执甚至发生冲突，而应调整心态，尽量不要影响自己的心情。

（六）“艳遇”诈骗应对

（1）发现自己遇到了“酒托”，应及时撤离。哪怕损失一些钱财，也要保障自己的人身安全。

（2）如果及时发现身上东西被骗，在周围有很多行人的情况下可以大声呼喊求助，同时及时拨打“110”报警。

第十二章

旅游拐卖事件防范与应对

近年来，妇女、儿童等人群在旅游途中被拐卖的事件日益突出，并呈蔓延发展之势。犯罪团伙分工明确，组织严密，犯罪手段更加隐蔽、狡猾、残忍，因拐卖妇女、儿童引起的伤害、杀人、强奸等恶性案件逐年增多，给原本美好的旅游蒙上了一层阴影。

一、事件回放

（一）免费旅游被拐卖

小罗，16 岁，是贵州省安顺市平坝县肖家村人，父母都在外经商，自己在当地一家饭店打工。3 月上旬，朋友杨某某的男朋友称自己家住少林寺旁边，可以免费旅游，遂邀她一同到河南游玩。面对免费旅游的诱惑，经不住再三劝说，小罗便答应了，后被杨某某的舅母李某某和小亮等带到了双塔村。

然而，等待她的不是赏心悦目的旅游，而是被拐骗至一个山村里，给身体有残疾的小亮做媳妇，看着比自己大了将近 10 岁的小亮，小罗说什么也不愿意。她被锁在屋里，不准穿衣服，不准与外界交流。其间，小亮还对她实施了多次强奸。一个多月后才被民警解救护送回家。

（二）朋友牵线遭拐卖

在深圳打工的 16 岁少女黄某赴一个朋友的饭局，被当场游说连夜奔赴湖南去旅游，结果被人以 7 500 元的价格卖到一户农家，幸亏其他朋友警觉，才得以幸免。

9 月 17 日晚上，黄某的男同事蒙某带她及另一名女同事顾某去吃饭，由蒙某的两位男性朋友睦某、蒋某做东。五人到松岗街道一饭店进餐，吃饭时，两男子与两女虽然相交不深，但盛情邀请两女去湖南玩。经不住游说，两女答应了前去游玩，蒙某完全不知两位男性朋友是有预谋而来拐卖两女。两男见两女一点头，马上租了两辆出租车，立即前往。9 月 18 日早上就到了道县，到下午 3 时许，蒋某就暗中联系好了买主。随后，眭某带黄某到县里的一个小乡村，到了一户人家，眭某称暂时先住这里，然后偷偷背着黄某以 7 500 元价格卖给这户人家，走时还拿走了黄某的手机。另一女顾某发现联系不上同到道县的黄某，觉得事情不对，立即联系蒙某，蒙某也觉得事有蹊跷，于 9 月 19 日 14 时许报警。警方经过多方走访调查，将眭某、蒋某二人缉拿归案，黄某二人被解救。

二、旅游被拐原因

在旅游途中最易被拐卖的对象是儿童，其次，成人、妇女被拐卖的案例也时有发生，犯罪分子或威逼或利诱让妇女就范，达到其不可告人的目的。

（一）儿童被拐卖原因

有些小朋友明明跟着父母一起旅游逛街，但是突然间却消失在茫茫人海中，为什么会有这种情况发生呢？有时候是因为父母或小朋友认为人那么多，根本用不着担心注意，因而粗心大意造成的结果。而有些父母，甚至会认为小朋友是跟着自己认识的人，例如亲戚朋友等，万万没想到竟会是人贩子，所以不幸的事就这样发生了！

1. 家长防范意识不强

有些游客出门在外对儿童防拐意识不强，甚至没有相关的意识，没有意识到旅游途中是拐卖分子经常作案的地方。

2. 家长没有时刻注意儿童动向

在旅游过程中，家长带孩子在外游玩，常把注意力放在美丽的风景、各色的美食、琳琅满目的商品等新鲜事物上，很容易疏漏孩子的动向。加之旅游时游人、路人很多，而且儿童天性贪玩，很容易被新事物吸引而不知去向，这些都为拐卖儿童的犯罪分子提供了可乘之机。

3. 儿童缺乏自我保护能力

一方面由于儿童年龄较小尚不懂事，容易被陌生人给的饮料、糖果和其他小食品所吸引；另一方面由于儿童贪玩的天性，游玩时看到五彩斑斓的景色便忘乎所以，以至于和父母走失。这些都给拐卖者提供了条件。

4. 家长未进行安全知识教育

在出行前，家长没能教育孩子出行游玩相关的注意事项，包括让孩子熟记父母的电话号码、家庭住址，迷路后如何找警察、如何报警，遇到陌生人如何应对等，导致面临危险时，孩子不知如何应对。

（二）妇女被拐卖原因

一桩桩拐卖的案件显示，拐卖妇女发生地多在农村，拐卖对象不仅有文化水平低的妇女，甚至还有个别女大学生。无知、轻信、侥幸等心理使她们很容易上当受骗，而且一旦陷入“魔窟”，靠自己努力获救的案例更是寥寥无几。她们之所以会轻易被人贩子得手拐卖，除了因为不法分子的狡猾外，就其自身原因看，主要有以下几点：

1. 缺乏警惕性，轻易相信他人

轻易相信同行旅客或导游甚至是朋友介绍认识的陌生人，对初识或陌生人掉以轻心，思想上失去防线。在娱乐场所，轻信陌生人的甜言蜜语，贪图小便宜，最终上当受骗。

2. 贪小便宜

被拐妇女爱贪小便宜，有想占便宜的思想。比如贪图“低价”甚至“免费”的旅游、旅游乘车途中随便吃喝陌生人给的水果、饮料等食品、看重对方在旅游途中具有诱惑的许诺等，都是妇女被拐卖的主要原因。

3. 缺乏社会经验

被拐妇女往往缺乏社会经验，对于人贩子设计的一个个光环、各种假象，不能有效辨别、及时识破。因缺乏生活常识，失去警惕喝了人贩子下有迷魂药的饮料，在不清醒状态下被拐卖。有些游客在接受陌生人的邀请，暂时离开座位后，没有注意要把杯中的饮料先喝完或者回来后换一杯，往往落入犯罪分子的陷阱。

（三）人贩子惯用的拐卖伎俩

1. 麻痹思想，解除其警惕性

以花言巧语、热情“帮助”或给小恩小惠，首先取得被害人对他良好的印象，消除对其戒备心理。

2. 投其所好

以利益、名誉诱之，通过接触或事先了解，针对被害人思想和需要，投其所好，给予许诺，设法使其上钩。

3. 假交朋友

通过网络、QQ交友、微信等进行交友，骗取女性的信任，以交友谈恋爱为名，约女性见面或外出游玩，伺机拐卖。

三、旅游拐卖防范

“居安思危”虽然是老生常谈、非常普通，但是这句话里却有很深刻的意义，也就是希望我们多加注意自己身边的人和事，不要认为周围有很多人，就不会有任何危险发生。当很多人聚集的时候，人们常常会放松警惕，因此，更容易陷入危险。

（一）儿童旅游防拐

家长带孩子外出游玩，被五彩斑斓的景色和新鲜事物所吸引，很容易疏忽孩子的行为，导致儿童被拐卖。旅游时，家长应加强对儿童的教育和看护，防止儿童被拐。

1. 教育孩子提高防范意识

（1）教育孩子不要听信陌生人的话，不要请陌生人带路，不能跟随不熟悉的人到陌生地方。

（2）如果有陌生人靠近，一定要提高警惕。

（3）不轻信陌生人其甜言蜜语，不贪图便宜，不接受小恩小惠。

（4）不要向陌生人介绍自己的家庭、亲属和个人爱好等个人信息。

（5）拒绝接受陌生人的食品、饮料，更不可食用陌生人给的饮料、糖果和其他小食品。

（6）在外出途中，一旦遇到危险，及时向公安民警和周围群众求助。

2. 教会孩子防范常识

（1）孩子能说话时，教会孩子背诵家庭电话号码、所住城市和小区名、家庭成员的名字。

（2）教会孩子遇事打“110”电话求助。

（3）教会孩子辨认警察、军人、保安等穿制服的人员。教育孩子一旦在商场、超市、公园等公共场所与父母走失，马上找穿制服的工作人员。

（4）教育孩子只有医生、护士、父母才能接触他（她）的身体，如果不认识的人这样做，孩子应尽快躲开。

3. 家长看管好孩子

（1）出行前，给孩子佩带有家庭相关信息的物品，比如替他们准备一条写着姓名和联络方式的项链，或者在衣物内的口袋里放一张写有联络方式的纸条。还可以给孩子佩带一个口哨，如果碰到危险，就立刻拿起哨子用力吹。如此一来，坏人因为害怕被人注意，而会立即逃跑。

（2）旅游过程中，家长一定不能让孩子单独活动玩耍，不能让孩子离开自己的视线范围，不要把孩子交给陌生人看管或带走。无暇照顾孩子时，必须把孩子交给可信赖的亲朋好友。

（3）游玩时，不要带孩子到偏僻人少的地方；带孩子在马路上行走时，尽量靠里走，要留意四周情况，注意防范后面来的摩托车、面包车。

（4）留意四周情况，注意是否有人、车跟随。

（二）妇女旅游防拐

保持思想上的警惕性，特别是独自一个人外出旅游时，任何情况下不要失去思想防线，遇事多问几个为什么。

1. 不轻信他人

（1）旅游途中，不要轻信以帮忙找住宿、代买车票、代替你的亲友接站等理由接近你、带你去陌生环境的人。

（2）与陌生人打交道时，要多留心眼，保持高度警惕，不轻信甜言蜜语，不贪图便宜，不接受小恩小惠，谨防上当。

（3）不要向陌生人透露自己的家庭、亲属、个人爱好和联系方式等个人信息。

（4）外出旅游时，把自己所在地址和联系方式及时告诉家人和朋友，让他们知道你的去向。

2. 谨慎交友

（1）女性外出旅游时最好结伴而行，不要独自一人行动。

（2）身处异地，不要轻信网络聊天认识的网友，不要擅自与网友会面。

（3）慎重交朋友，特别是对于对方的邀请，不要轻易答应。一旦应邀时，最好能把自己去的地方、联系方式、大概回来的时间告知有关同学或家人，留有后手。

（4）慎重选择交往对象，与不了解的人保持距离，外出时尽量少喝酒。

（5）如遇到马路上、车站旁及其他场所的拉客行为，应坚决拒绝，以免受骗。

3. 不要有占便宜思想

（1）无缘无故的利益突然降到你面前时，一些所谓的“君子”向你许诺时，切忌轻易相信，坚信天上不会掉馅饼。

（2）不要随便吃喝初识人的东西，暂时离开座位，注意要把杯中的饮料先喝完或者回来后换一杯。

（3）拒绝接受陌生人的食品、饮料。

4. 保管好证件

（1）保管好自己的身份证及其他重要证件。

（2）不要把原件随便给任何人。

四、旅游拐卖应对

（一）儿童被拐后的应对

小朋友被坏人抓住怎么办？

1. 大声呼救

如果不小心被坏人抓到，有一件事非常重要，那就是要大声喊叫，引起身边的人的注意。

出行时我们也可以在身上带一个口哨，如果哪天不小心碰到危险的话，就可以立刻拿起哨子用力吹。如此一来，坏人因为害怕被人注意，而会立即逃跑。

所以，在发生危险的情况下，大家千万不可以自暴自弃。假如我们大声哭或者大声喊叫，坏人就会惊慌失措。我们可以趁坏人惊慌失措的时候，引起旁人注意或赶快脱离他们的魔掌。

2. 伺机逃离

任何危险的时候，不要随便想要用自己的力量赢过他们。要寻找机会，趁他们放松警惕时，伺机逃离。逃离时要想好要往哪个方向逃比较安全，并且想想可以向谁请求帮忙。在这种时候千万要记住，绝对不能跑到死胡同里，要跑到人多的大马路上。但最好的方法，是跑去警察局，请警察处理。

3. 利用手机报警脱险

如果小朋友手上有手机，应事先把父母的电话号码设为快速拨号键，这样就能够在危险的状况发生时，尽快告知父母或通知警察了。也可以利用定位系统，确认小朋友的位置，帮助其脱离险境。

（二）妇女被拐如何应对

拐卖是一种较为严重的恶性犯罪，往往采用暴力手段，极易造成伤害。妇女被人拐卖后，应尽量保持自己的情绪稳定，冷静思考对策，观察周围环境，抓住时机逃离。

（1）旅游途中，面临被拐卖的危险，或发现自己被拐卖后，应尽量保持情绪稳定，冷静思考对策，观察周围环境，看是否有逃脱的可能。如果附近人多或有警察、解放军和其他国家工作人员（工商、税务、城管监察人员等）经过时，可适时大声呼救，并抓住时机逃离。若在公共场合发现受骗，立即向人多的地方靠近，并大声呼救。但要记住，所采取的行动一定要突然果断。

（2）被拐卖后在人贩子转移过程中，在路上要注意寻找求救的机会。如经过繁华地区，要想办法引起行人的注意，如哭闹、坐在地上不走等，一旦有围观群众，应马上向大家讲明事实真相，有机会立即逃脱。如果地方较为偏僻、四周无人，应权衡利弊，不要盲目地呼救或和人贩子搏斗，否则可能会受到伤害。

（3）遇到困难时可以到当地的妇女之家寻求帮助和建议，他们可以提供流动妇女所需的各种服务。

（4）要运用自己的智慧，善于同人贩子周旋。如表面上装出顺从的样子，以降低其戒备心理，然后寻找机会脱身。也可以尝试向人贩子、买主及相关人员宣讲国家法律，告知严重后果，伺机外出求援或逃走。

（5）如发现已被控制人身自由，应保持镇静，设法了解买主或所处场所的真实地址（省、市、县、乡镇、村、组）及基本情况，观察被关押处所及周围的情况，看是否有逃脱的可能，并抓紧寻找可用于报警的途径。如有临街的窗户，可写个纸条说明自己的情况扔下去请过路的行人帮助你报警，也可以用东西试着敲击暖气管、下水道，引起别人的注意。

（6）被拐卖后不要放弃，应想方设法寻找机会与外界取得联系或向公安机关报案。通过拨打电话、发送短信或通过网络等一切可与外界联系的方式尽快报警，说明你所在的地方、买主姓名或联系电话。采取写小纸条等方式向周围人暗示你的处境，请求外人帮助，设法与外界取得联系。

（三）怀疑亲戚朋友被拐，如何应对

（1）一旦怀疑身边的亲人或朋友被拐，应当立即向公安机关报案。详细向公安部门讲述近期的工作和生活情况，向公安机关反映其近期接触的可疑人员，及时提供当事人的近期照片以及本人特征。

（2）可充分利用互联网、微博、微信广泛发布寻人启事。及时关注公安机关破获的各类非法集资、传销以及拐卖妇女儿童案件，争取早日找到亲人。